ESQUISSE

D'UN PROJET DE RÉGLEMENT

POUR

L'IMPRIMERIE, LA LIBRAIRIE,

ET AUTRES PROFESSIONS Y RELATIVES.

ESQUISSE

D'UN PROJET DE RÉGLEMENT

POUR

L'IMPRIMERIE, LA LIBRAIRIE,

ET AUTRES PROFESSIONS Y RELATIVES,

Rédigée d'après les Lois anciennes et nouvelles;

PAR F. J. BAUDOUIN,

IMPRIMEUR DU CORPS LÉGISLATIF ET DE L'INSTITUT;
Sous-Doyen des Imprimeurs de Paris, et ancien Député suppléant de Paris à l'Assemblée Nationale Constituante.

DE L'IMPRIMERIE DE F. J. BAUDOUIN ET Cie.

1810.

L'EMPEREUR, dont l'œil vigilant et attentif se porte également sur toutes les parties de l'administration, a ordonné la rédaction d'un Réglement pour l'Imprimerie, la Librairie et autres Professions y relatives. Ce Réglement est impatiemment attendu par tous les bons esprits. De l'ordre et d'une exacte discipline dérive en effet la prospérité des Manufactures et du Commerce. Chaque individu se trouve alors contenu dans les justes limites que l'ignorance présomptueuse et l'audacieuse intrigue ne peuvent plus impunément dépasser, parce que ces limites sont basées sur la vigilance et l'honneur solidaire de chacun des individus de la même profession, et reposent principalement sur l'intérêt bien entendu de chaque classe de manufacturiers et de commerçans.

Les connoissances relatives aux professions d'Imprimeur, de Libraire, et autres analogues, ne peuvent guère aujourd'hui appartenir qu'à ceux dont elles ont été un objet continuel de méditations et d'études, et l'unique moyen d'existence; qu'à ceux qui, jadis et pendant long-temps, soumis à des réglemens, en ont conservé la trace profonde, quoiqu'ils aient été depuis renversés par l'anarchie et une licence sans bornes, successivement introduite dans toutes les professions. Les administrateurs et les magistrats ont dû négliger tout ce qui les concernoit, et sur-tout ce qui pouvoit avoir plus de rapport avec l'Imprimerie et la Librairie, pour l'exercice desquelles *une liberté illimitée* sembloit être devenue jusqu'à présent un *axiome de droit*.

Ceux-là, seuls, étoient donc naturellement appelés à en conserver le dépôt. Il devoit être également réservé à l'un d'eux de réunir tous les matériaux nécessaires pour parvenir à la formation d'un bon Réglement.

J'ai osé entreprendre cette tâche aussi honorable que pénible : je la croyois d'abord beaucoup trop au-dessus de mes forces ; mais je suis parvenu à la terminer, et j'en offre aujourd'hui le résultat comme celui d'une expérience de trente années dans l'exercice de l'Imprimerie. La rédaction de ce Projet m'a coûté dix mois entiers d'un travail assidu, loin, sans doute, d'être parfait. C'est une esquisse purement préparatoire, capable seulement d'offrir les élémens d'un Réglement beaucoup meilleur.

Je me proposois de joindre à ce Projet un exposé des motifs de toutes ses dispositions ; mais elles me semblent assez claires pour n'avoir pas besoin d'explications ; je suis d'ailleurs toujours prêt à les communiquer aux magistrats chargés de la rédaction définitive du Réglement.

Il eût été peut-être également utile de relever quelques erreurs, quelques lacunes du Décret du 5 février dernier, dont j'ai suivi, autant que possible, les dispositions : l'expérience aura déjà fait appercevoir et les omissions et le vice de quelques-uns de ses articles.

Je me livrerois à ce nouveau travail, si je ne craignois aujourd'hui de manquer de tems, puisque nous touchons bientôt à l'époque fixée par le Décret.

PROJET DE RÉGLEMENT

CONCERNANT

L'IMPRIMERIE, LA LIBRAIRIE

ET AUTRES PROFESSIONS RELATIVES;

Présenté à M. le Comte de l'Empire PORTALIS, Membre de la Légion d'Honneur, Conseiller d'État, et Directeur-Général.

TITRE PREMIER.

De la direction générale de l'Imprimerie et de la Librairie, et des Autorités auxquelles les Imprimeurs, les Libraires et autres sont subordonnés.

SECTION PREMIÈRE.

De la direction générale, de sa composition et de ses attributions.

ARTICLE PREMIER.

La direction générale de l'imprimerie et de la librairie, créée par le décret du 5 février 1810, est dans les attributions du ministre de l'intérieur et sous ses ordres immédiats (art. 1 du décret).

2. Sont soumises à l'autorité supérieure du directeur général, et aux ordres du ministre de l'intérieur, sans préjudice à l'action de haute police exercée par le ministre de la police générale, les professions suivantes :

L'Imprimerie,
La Librairie,
La Gravure et Fonderie des caractères d'imprimerie mobiles ou réunis en planches solides, et quelques soient les procédés employés;
Les Gravures sur bois, sur cuivre et sur acier, de caractères ou d'estampes, quelque soit la manière d'imprimer;
L'Imprimerie en taille-douce,
La Reliure et Dorure des livres,
Les fabriques et le commerce du Papier,
Le commerce de la Musique,
Le commerce des Estampes,
Les Cabinets de lecture,
Les Journaux.

3. Ces mêmes professions sont encore soumises à la surveillance et à l'autorité particulières des maires, des commissaires de police, des sous-préfets et préfets de départemens, du préfet de police de Paris, et des inspecteurs des divisions départementales ci-après établis et fixés, suivant les localités et leurs attributions respectives.

Elles sont également assujéties à l'observation du réglement, obligées de se soumettre aux visites, et d'obéir aux réquisitions des visiteurs institués à cet effet, mais seulement dans la mission dont ils sont chargés, et lorsqu'ils sont en fonctions.

4. Au ministre de l'intérieur, seul, appartient le droit de prendre, sur le rapport préalable et nécessaire du directeur général, des arrêtés définitifs sur le fait de l'imprimerie, de la librairie et des autres professions ci-dessus désignées, sauf le recours au conseil d'état, et sans préjudice à la compétence particulière du ministre de la police générale.

5. Toutes les pétitions et requêtes doivent être adressées au directeur général, lors même qu'elles doivent lui arriver par un intermédiaire.

SECTION SECONDE.

Des Auditeurs du Conseil d'état attachés à la Direction générale. Répartition et distribution entre eux du travail de la direction.

6. Six auditeurs du conseil d'état sont appelés et placés près la direction générale (art. 2 du décret du 5 février 1810).

7. Le travail est réparti et distribué entre eux ainsi qu'il suit :

1°. Le secrétariat général ;

2°. L'inspection de la division départementale dont Paris est le chef-lieu ;

3°. La correspondance avec les autres divisions départementales ;

4°. La tenue de tous les registres suivans.

   1°. Registre de la garantie des propriétés littéraires où est inscrit le brevet de garantie de chacun des ouvrages, avec mention de la transmission de la propriété quand elle a lieu ;

   2°. Registre des licences d'imprimer les ouvrages qui n'appartiennent à personne ;

   3°. Registre des permissions simples quand le brevet de garantie est jugé inutile par l'auteur propriétaire de l'ouvrage ou son cédant, tels que brochures ou ouvrages du moment ;

   4°. Registre d'inscription affecté à chacune des professions désignées en l'art. 2, et dans lequel doivent être inscrits tous les individus attachés à l'une d'elles.

5°. L'inspection générale de toutes les divisions départementales, excepté la première ;

6°. La comptabilité.

SECTION TROISIÈME.

De l'établissement et des attributions des Inspections divisionnaires, et de la fixation de l'arrondissement de chacune d'elles ; des Visiteurs particuliers dans chacun des chefs-lieux de département ; et de la compétence des Maires, Commissaires de police particuliers, des Sous-Préfets, des Commissaires généraux de police, des Préfets de département, et du Préfet de police de Paris.

§. I.

De l'établissement et de la fixation de l'arrondissement de chacune des Inspections divisionnaires, et des attributions des Inspecteurs.

8. Il y a pour tout le territoire de l'Empire français dix-sept Inspections divisionnaires, dont les titulaires sont les délégués immédiats du directeur général de l'imprimerie et de la librairie, dans tout ce qui peut y avoir rapport.

9. Ces divisions sont :

La première. PARIS, chef-lieu.

Départemens : l'Aisne, l'Aube, l'Eure-et-Loir, Loir-et-Cher, le Loiret, la Marne, le Nord, l'Oise, la Seine, Seine-et-Marne, Seine-et-Oise, l'Yonne.

La seconde. ROUEN, chef-lieu.

Départemens : le Calvados, l'Eure, la Manche, l'Orne, le Pas-de-Calais, la Seine-inférieure, la Somme.

La troisième. RENNES, chef-lieu.

Départemens : les Côtes-du-Nord, le Finistère, Ille-et-Vilaine, Indre-et-Loire, Loire-Inférieure, Maine-et-Loire, Mayenne, le Morbihan, la Sarthe.

La quatrième. CHATEAUROUX, chef-lieu.

Départemens : l'Allier, le Cantal, le Cher, la Corrèze, la Creuse, l'Indre, la Haute-Loire, le Puy-de-Dôme, la Haute-Vienne.

La cinquième. BORDEAUX, chef-lieu.

Départemens : la Charente, la Charente-Inférieure, la Dordogne, la Gironde, les Deux-Sèvres, la Vendée, la Vienne.

La sixième. TOULOUSE, chef-lieu.

Départemens : l'Arriège, la Haute-Garonne, le Gers, les Landes, le Lot, le Lot-et-Garonne, les Basses-Pyrénées, les Hautes-Pyrénées.

La septième. MENDE, chef-lieu.

Départemens : l'Aude, l'Aveyron, le Gard, l'Hérault, la Lozère, les Pyrénées-Orientales, le Tarn, Tarn et Garonne.

La huitième. BRIANÇON, chef-lieu.

Départemens : les Basses-Alpes, les Hautes-Alpes, les Alpes-Maritimes, les Bouches-du-Rhône, le Mont-Blanc, le Var, Vaucluse.

La neuvième. VALENCE, chef-lieu.

Départemens : l'Ain, l'Ardèche, la Drôme, l'Isère, la Loire, le Rhône.

La dixième. BESANÇON, chef-lieu.

Départemens : la Côte-d'Or, le Doubs, le Jura, la Haute-Marne, la Nièvre, la Haute-Saône, Saône-et-Loire, les Vosges.

La onzième. METZ, chef-lieu.

Départemens : les Ardennes, les Forêts, le Léman, la Meurthe, la Meuse, le Mont-Tonnerre, la Moselle, l'Ourthe, le Bas-Rhin, le Haut-Rhin, Sambre-et-Meuse.

La douzième. BRUXELLES, chef-lieu.

Départemens : Les Bouches-du-Rhin, les Bouches-de-l'Escaut, la Dyle, l'Escaut, Jemmapes, la Lys, la Meuse-Inférieure, les Deux-Nèthes, Rhin-et-Moselle, la Roër, la Sarre.

La treizième. AJACCIO, chef-lieu.

Départemens : le Golo, Liamone, l'Ile-d'Elbe et Capraia.
(Le préfet d'Ajaccio fait les fonctions d'inspecteur divisionnaire.)

La quatorzième. TURIN, chef-lieu.

Départemens : la Doire, Marengo, le Pô, la Sezia, la Stura,

La quinzième. GÊNES, chef-lieu.

Départemens : les Apennins, Gênes, le Taro, Montenotte.

La seizième. FLORENCE, chef-lieu.

Départemens : l'Arno, la Méditerranée, l'Ombrone.

La dix-septième. ROME, chef-lieu.

Départemens : le Tibre, Trasimène.

10. Les divisions de Turin, de Gênes, de Florence et de Rome sont fixées provisoirement et jusqu'à l'avis ultérieur, quand il sera requis, du Gouverneur général des départemens au-delà des Alpes, de la Grande-Duchesse de Toscane, et du Gouverneur de l'État Romain.

Les préfets de Turin, de Gênes, de Florence et de Rome provisoirement, et jusqu'à ce qu'il en soit autrement ordonné, font les fonctions d'inspecteur divisionnaire.

11. Les attributions de chaque inspecteur divisionnaire, dans l'étendue de son ressort, sont les mêmes que celles du directeur général, mais seulement comme son substitut, et d'une manière subordonnée. Les inspecteurs divisionnaires sont aussi comptables de leur gestion au D. G.

Les inspecteurs divisionnaires ne peuvent prendre que des décisions provisoires soumises à l'examen du directeur général, et devant nécessairement pour devenir définitives, être par lui confirmées, et même ratifiées par le ministre de l'intérieur quand il y a lieu.

Ils ont cependant le droit de suspendre l'exécution des arrêtés des préfets de département en matière d'imprimerie, de librairie, etc., quand ils les croient contraires au bien du service ou aux dispositions du réglement, mais avec l'obligation d'en référer dans les vingt-quatre heures au directeur général.

12. Chaque inspecteur divisionnaire, avant d'entrer en exercice, prête, entre les mains du premier président de la cour d'appel de sa division, serment de fidélité à S. M. l'Empereur, et de remplir avec honneur, probité et exactitude les fonctions qui lui sont confiées.

L'acte de protestation de ce serment est inscrit sur la commission même de l'assermenté.

13. Le directeur général fait connoître à chacun des préfets de départemens dans quelle division le sien est compris, et reconnoître chaque inspecteur par tous les préfets de la division.

§. II.

De l'établissement de Visiteurs particuliers dans chacun des chefs-lieux de département ; de leurs fonctions et attributions.

14. Il est établi dans chaque chef-lieu de département, un visiteur particulier agissant sous la surveillance immédiate et d'après les ordres de l'inspecteur divisionnaire.

15. Ces visiteurs sont nommés par le directeur général, sur la présentation d'un ou plusieurs candidats par l'inspecteur divisionnaire.

16. Il y a trois visiteurs pour le département de la Seine.

17. Les fonctions des visiteurs sont :

1°. De faire la visite de tous les envois de livres, estampes, caractères d'imprimerie et autres objets mentionnés au réglement venant de l'étranger ; d'arrêter et séquestrer tout ce qui est prohibé, tout ce qui peut être introduit en fraude et en contravention au réglement, et d'en dresser procès-verbal ;

2°. De faire la visite de toute la librairie circulante dans l'étendue de l'empire, soit au lieu du départ, soit à celui de l'arrivée ; d'arrêter et séquestrer les livres prohibés ou contrefaits, et d'en dresser procès-verbal ;

3°. De faire toutes les visites régulières conformément au réglement, et les visites extraordinaires que les autorités supérieures jugeroient à propos d'ordonner, chez les imprimeurs, les libraires et tous autres, de la manière et ainsi qu'il est prescrit audit réglement.

18. Les procès-verbaux des visiteurs font foi en justice lorsqu'ils ont été affirmés dans les vingt-quatre heures devant le juge de paix de l'arrondissement.

19. La minute des actes et procès-verbaux de chacun des visiteurs est écrite sur un registre timbré fourni par l'inspecteur de la division, et par lui coté et paraphé.

20. Chacun de ces actes et procès-verbaux est soumis à l'enregistrement pour lequel il n'est payé provisoirement par le visiteur que le droit simple, sans préjudice des autres droits qui pourroient être ensuite dus par les condamnés pour délits ou contraventions.

21. Copie de ces actes et procès-verbaux doit être adressée, dans trois jours pour tout délai, au préfet du département, et dans la huitaine à l'inspecteur divisionnaire.

22. Les visiteurs sont de simples agens secondaires, commis uniquement pour les seules fonctions dont ils sont chargés, et auxquelles se borne tout leur pouvoir qu'ils ne peuvent étendre au-delà. Ils doivent honneur et respect au préfet et à l'inspecteur divisionnaire auxquels ils sont subordonnés. Ils ne peuvent cependant obtempérer aux ordres du préfet lorsqu'ils sont contradictoires à ceux de l'inspecteur divisionnaire; mais ils doivent en faire l'observation avec respect, et offrir de constater leur refus par un procès-verbal.

23. Il est assigné à chaque visiteur, par le préfet du département, un local particulier destiné au dépôt des balles, ballots, caisses, malles, tonnes, tonneaux, etc. sujets à visite, et à l'entrepôt des marchandises arrêtées, séquestrées, et même déclarées saisies, qui doivent y demeurer jusqu'à décision et destination ultérieures, à moins qu'elles ne restent sous le scellé dans le lieu où elles ont été arrêtées.

§. III.

De la compétence des Maires, des Commissaires particuliers de police, des Sous-Préfets, des Commissaires généraux de police, des Préfets de départemens, et du Préfet de police.

24. Dans tous les départemens, les maires, les sous-préfets ont, sous les ordres du préfet et suivant leurs attributions et leur rang dans l'administration, une action immédiate ou médiate de surveillance et de police sur les imprimeurs, les libraires et tous autres assujétis à l'observation du réglement.

25. Cependant les commissaires particuliers de police dans les villes où ils existent, remplacent les maires dans ces surveillance et action.

26.

26. Les sous-préfets ont, outre le droit d'examen et de réforme des actes des maires, celui d'ordonner dans leurs arrondissemens respectifs tout ce qui est relatif à l'ordre, la tranquillité publics, et à l'exécution du réglement, sauf l'approbation confirmative du préfet.

27. Les commissaires généraux de police n'ont d'autre action sur l'imprimerie, la librairie et autres professions que celle que leur donne temporairement le ministre de la police générale ou le préfet du département, à moins que leur surveillance ne soit particulièrement provoquée par un grand intérêt public. Alors ils prennent l'initiative, et en réfèrent au préfet, ce dernier à l'inspecteur divisionnaire, si l'affaire est de sa compétence, pour qu'il ordonne provisoirement ce qu'il appartiendra, et en fasse son rapport au directeur général, à l'effet de faire statuer définitivement.

28. Les préfets des départemens, et le préfet de police de Paris dans le département de la Seine, (indépendamment de l'action de haute-police qu'il exerce sur le quatrième arrondissement de l'Empire), ont l'autorité supérieure sur les maires, les sous-préfets et les visiteurs, en ce qui concerne l'imprimerie, la librairie et autres professions relatives, seulement quant à la surveillance et à l'action de la police sur lesdites professions, et aux attributions particulières qui leur sont données par le réglement.

Relativement à ce qui est de la compétence de la direction générale, ils peuvent prendre des décisions provisoires; mais ils doivent communiquer sans délai, savoir: les préfets de départemens aux inspecteurs divisionnaires, et ceux-ci ainsi que le préfet de police de Paris au directeur général.

29. Dans le département de la Seine, les commissaires de police de Paris, à l'exclusion des maires; hors Paris, les maires sous l'autorité des sous-préfets, et ceux-ci sous les ordres du préfet de police, ont, suivant leurs attributions et leur rang dans l'administration, une action immédiate ou médiate de surveillance sur les imprimeurs et libraires et tous autres assujétis à l'observation du réglement.

TITRE SECOND.

Police générale de l'Imprimerie, de la Librairie et autres professions assujéties au réglement.

SECTION PREMIÈRE.

De la police générale et des mesures de précaution et de sûreté à l'effet de prévenir les délits de la Presse et les contraventions au réglement.

30. La police générale se compose des mesures de précaution et de sûreté, à l'effet, 1°. de prévenir les délits de la presse et les contraventions au présent réglement; 2°. de les réprimer; 3°. de l'obligation d'en suivre la réparation, et d'en poursuivre la punition par voie de police correctionnelle ou criminelle.

31. Les mesures propres à empêcher l'impression, les publication, distribution, ventes d'ouvrages, livres, brochures, estampes et musique prohibés comme contraires aux devoirs envers le Souverain et l'intérêt de l'État, aux bonnes mœurs, comme capables de troubler l'ordre et la tranquillité publics, de porter atteinte à l'honneur d'autrui et aux propriétés publiques et particulières, ou enfin publiés en contravention du réglement, sont:

1°. La surveillance continuelle de toutes les autorités ayant l'action immédiate de la police suivant leurs fonctions et attributions;

2°. La stricte observation de la part des imprimeurs, des libraires et autres, du réglement et des devoirs qui leur sont imposés;

3°. Les visites particulières ordonnées par le réglement; les visites extraordinaires ordonnées ou faites de leur propre mouvement par les inspecteurs divisionnaires; enfin les visites générales et extraordinaires faites de l'ordre exprès et spécial du directeur général par les inspecteurs divisionnaires et les inspecteurs généraux.

SECTION SECONDE.

Des attributions des Autorités ayant plus ou moins directement la surveillance et l'action de la police sur l'Imprimerie, la Librairie et autres professions assujéties au réglement.

§. Ier.

Attributions des Maires et des Commissaires de police.

32. Les maires des villes et bourgs où se trouvent établis des imprimeurs, des libraires et tous autres soumis au réglement, et les commissaires de police, à l'exclusion des maires, dans les villes où ils sont établis, ont une surveillance et une action immédiates de police sur tous ceux qui exercent ces professions.

33. Ils ont l'initiative de tous les actes et mesures nécessaires pour prévenir ou réprimer, 1°. les délits de la presse, et tous autres dont la presse peut être la cause plus ou moins éloignée; 2°. les contraventions au présent réglement. En conséquence ils constatent par des procès-verbaux et tous autres actes nécessaires, les délits ou contraventions; ils ordonnent, quand il y a lieu, l'arrestation des prévenus, ainsi que l'arrêt et le séquestre des objets formant le corps du délit ou de la contravention.

34. Leurs mandats et ordonnances sont exécutoires par provision, et ils doivent tenir la main à leur exécution.

35. Dès que leurs actes ont été mis à exécution, les maires doivent les adresser au sous-préfet de leur arrondissement, qui les transmet ensuite au préfet avec son avis.

36. Les commissaires de police adressent directement leurs actes au préfet du département quand il n'y a pas de sous-préfet dans leur arrondissement.

37. Les prévenus sont traduits par les maires, devant le sous-préfet qui statue s'il y a lieu ou non à leur arrestation. Ils sont alors envoyés dans la prison du chef-lieu de département : dans ces chefs lieux, à défaut de sous-préfet, les commissaires de police constituent les prévenus prisonniers jusqu'à l'ordonnance ultérieure du préfet.

38. Les objets arrêtés et séquestrés demeurent sous le scellé jusqu'à la décision ultérieure du directeur général.

§. II.

Des attributions des Sous-Préfets.

39. Aussitôt qu'un sous-préfet reçoit, de la part des maires de son arrondissement, des procès-verbaux et autres actes qui constatent des délits ou contraventions sur le fait de l'imprimerie, la librairie et autres professions, il doit en faire l'examen et s'assurer de leurs exactitude et régularité.

40. Si les procès-verbaux et actes lui paroissent exacts et réguliers, il les confirme et les adresse avec les prévenus, s'il en existe quelques-uns en arrestation, au préfet du département.

41. Dans le cas contraire, il fait toujours au préfet du département l'envoi de toutes les pièces, avec son avis motivé. Il met alors les prévenus en liberté sous bonne et valable caution ; mais il ne peut ordonner la levée des scellés sur les objets arrêtés et séquestrés.

42. Lorsqu'il n'y a dans les actes ou dans l'exécution qu'irrégularité, quoique le délit ou la contravention lui paroissent constans, il y supplée d'office, et adresse ensuite le tout au préfet du département avec ses procès-verbaux particuliers.

43. Il ne peut différer plus de huit jours l'envoi de ces actes, à moins que l'affaire ne comporte un délai plus long. Alors il en doit un rapport sommaire au préfet.

44. Administrativement : les sous-préfets, dans l'étendue de leur arrondissement, ont, seuls, le droit de délivrer la permission d'imprimer les objets qui sont dans les attributions de la police.

§. III.

Des attributions des Préfets.

45. Dans les départemens, les préfets, et à Paris le préfet de police, exercent l'autorité supérieure relativement à l'imprimerie, la librairie et autres professions mises sous leurs surveillance et autorité particulières, quant au maintien de l'ordre et de la tranquillité publics, et aux mesures de police destinées à prévenir ou réprimer les délits de la presse, les contraventions au réglement, et à leur poursuite par voie de police correctionnelle, ou au criminel (art. 11, 12 et 15, décret du 5 février 1810).

46. Ils traduisent les prévenus devant les tribunaux compétens, sans préjudice néanmoins des poursuites d'office que les procureurs généraux ou impériaux ont le droit et sont même tenus de faire sur la clameur publique ou la remise des procès-verbaux, autrement que par le préfet (art. 47, décret du 5 février 1810).

47. Ils ordonnent l'arrêt et le séquestre de tous les objets formant le corps du délit ou le sujet de la contravention.

48. Dans la ville de leur résidence, ils donnent, exclusivement à tous autres, les permissions d'imprimer, de vendre et distribuer tous les ouvrages compris dans leurs attributions.

49. Ils peuvent suspendre et annuler les permissions accordées par les sous-préfets de leur département.

50. Ils ont également le droit de faire surseoir à l'impression de tous ouvrages qui leur paroîtront contraires aux devoirs des sujets envers le Souverain, à l'intérêt de l'État, ou imprimés en contravention aux dispositions du présent réglement (art. 15 et 41, décret du 5 février 1810).

51. Ils cotent et paraphent les registres timbrés des imprimeurs de leurs départemens (art. 11, décret du 5 février 1810).

52. Ils reçoivent la copie de l'inscription de ces registres, ainsi que la déclaration que les imprimeurs doivent faire conformément à l'art. 12

du décret du 5 février 1810 ; ils conservent en dépôt la première, et adressent la seconde au ministre de la police générale.

53. La police des ouvriers et employés dans toutes les professions comprises en l'art. 2 du réglement, leur appartient exclusivement.

54. Enfin les préfets sont revêtus de toute l'autorité nécessaire pour prendre les mesures de police et de sûreté nécessaires pour assurer au réglement sa stricte, pleine et entière exécution ; mais ils ne peuvent prendre aucun arrêté définitif sur tout ce qui est dans la compétence de la direction générale, ni sur la mise en liberté définitive des prévenus de délits ou de contraventions auxquels il n'est pas permis d'accorder la liberté provisoire et sous caution, sans l'intervention des procureurs généraux ou impériaux, lorsque l'instruction du procès est commencée.

SECTION TROISIÈME.

De la division des ouvrages, quant à la compétence des Préfets de départemens, du Préfet de police de Paris, et à l'autorité du Directeur général.

55. A dater du jour de la promulgation du présent réglement, aucuns livres, livrets, brochures, feuilles volantes, annonces, factums et mémoires d'avocats, d'avoués, et tous autres écrits nécessaires à l'instruction des procès, quelqu'en soit le titre ; placards et affiches, ni autres impressions quelconques, hors celles exceptées par le réglement, ne peuvent être imprimés, publiés, distribués, affichés ou vendus sans la permission expresse des autorités qui ont le droit de la donner.

§. Ier.

Division des ouvrages en plusieurs classes.

56. Toutes les impressions se divisent en quatre classes, et sont sujettes à l'inscription sur le registre timbré prescrit par l'art. 11 du décret du 5 février 1810, et les dispositions du présent réglement.

Première Classe.

Les ouvrages dits *de ville*, tels que, 1°. billets de mariage, naissance et de décès, cartes de visites, adresses, factures; ouvrages de bureaux, tels qu'états, feuilles de registre, passe-partout, tableaux, comptes-rendus, sommiers, cédules, exploits, citations, assignations; faits pour des administrations ou des particuliers;

2°. Les placards et affiches annonçant des ventes publiques volontaires de meubles ou d'immeubles, ou contenant des annonces ou avis particuliers, circulaires et lettres de convocation d'assemblées particulières;

3°. Les nouvelles à la main extraites des journaux;

4°. Les feuilles volantes annonçant la recette de remèdes permis, et indication de médecins, chirurgiens, artistes, commerçans et tous autres autorisés à se faire connoître et à indiquer leurs domiciles;

5°. Les catalogues des libraires; de livres ou de bibliothèques à vendre publiquement à l'enchère.

6°. Les livrets et brochures de peu d'importance, et qui, n'excédant pas quatre feuilles d'impression, ne sont susceptibles que d'une permission simple;

7°. Les journaux.

8°. Les pièces de théâtre.

Deuxième Classe.

Les factums et mémoires d'avocats et d'avoués, et tous autres écrits pour l'instruction des procès, quelqu'en soit le titre; les jugemens des tribunaux civils, les arrêts de cours souveraines, les ordonnances et arrêtés des administrations inférieures et supérieures, les affiches de ventes de meubles et d'immeubles, en vertu de jugemens, et tous autres placards ou affiches du ressort des huissiers, avoués et autres officiers ministériels.

Troisième Classe.

Les mandemens, lettres pastorales et autres écrits que les desservans, curés, vicaires généraux, évêques et archevêques sont dans l'usage de faire imprimer, ainsi que les placards et affiches concernant le culte. Les livres d'église tant de chœur qu'à l'usage des laïcs, outre la permission des évêques et des archevêques, sont assujétis à toutes les formalités exigées par le réglement, et sont de la compétence du directeur général.

QUATRIÈME CLASSE.

En ouvrages examinés, approuvés et avoués par les divers corps enseignans, tels que les diverses Facultés, les Académies et l'Université. Les ouvrages examinés, approuvés et avoués par les diverses académies et sociétés littéraires reconnues par le Gouvernement, et par l'Institut de France.

CINQUIÈME CLASSE.

Les ouvrages ordonnés par les autorités supérieures telles que les Préfets, le Préfet de police, les Administrateurs et Directeurs généraux, les Ministres, le Corps législatif et le Sénat.

SIXIÈME CLASSE.

Les ouvrages dits *labeurs*, c'est-à-dire, composés d'un ou plusieurs volumes, quelqu'en soit le format.

§. II.

Formalités relatives à l'impression de tous les ouvrages de la première classe.

57. Les ouvrages de la première classe, dits *de ville*, sous le n°. 1, peuvent s'imprimer sans permission ; ils sont exempts de l'envoi d'une copie de l'inscription du registre et de la déclaration.

58. Les ouvrages de ville sous les n°s. 2, 3 et 4, ne sont assujétis qu'à la simple permission des sous-préfets, des préfets, et du préfet de police de Paris, sans autres formalités. Cette permission a pour objet une information préalable à l'effet de s'assurer si le contenu en l'imprimé est permis et peut être annoncé sans inconvénient ou danger.

59. Pour obtenir une semblable permission, il suffit de déposer deux épreuves de l'objet imprimé sur l'une desquelles est écrite la permission que doit retirer l'imprimeur avant de rien délivrer, fairé afficher ou distribuer, et qu'il doit conserver pour sa responsabilité.

60. Les catalogues de libraires, de livres et de bibliothèques à vendre publiquement et à l'enchère sont sujets à inscription et à l'envoi de la transcription et de la déclaration ; et soumis à l'examen des censeurs de police, c'est-à-dire de ceux établis, suivant le besoin, près des préfets de département, et du préfet de police. Les journaux politiques, quoique dans l'attribution des préfets de département et du préfet de police, quant à

l'examen, ne peuvent cependant être autorisés et permis par le directeur général que du consentement exprès du ministre de la police générale. Ils sont sujets au brevet d'assurance et de garantie comme les autres ouvrages. Les pièces de théâtre sont soumises à l'examen des censeurs de police. Elles sont sujettes à inscription et à déclaration, et au brevet d'assurance et de garantie pour en consèrver la propriété.

61. La permission peut être suspendue provisoirement par l'inspecteur divisionnaire du ressort, et annulée par le directeur général. A Paris, le ministre de l'intérieur, sur le rapport du directeur général, suspend ou annule la permission lorsqu'il le juge nécessaire.

§ III.

Formalités à remplir pour les ouvrages de 2e. et 3e. classes.

62. Les ouvrages compris dans la seconde classe ne sont point assujétis à la permission des autorités ordinaires. Les imprimeurs chargés de ces impressions sont tenus de prendre le pouvoir des avocats et celui des avoués sur un des exemplaires imprimés des mémoires et autres écrits nécessaires à l'instruction des procédures.

Les avoués et les huissiers, pour constater l'authenticité des jugemens, arrêts et autres pièces judiciaires qu'ils sont dans l'usage de faire imprimer, ainsi que la validité des ventes en vertu de jugemens et d'arrêts, annoncées par affiches, doivent signer un des exemplaires imprimés sur lequel ils mettent ces mots : *Bon à imprimer pour* (le nombre en toutes lettres), *d'exemplaires*. L'imprimeur doit conserver ce bon pendant trois années : faute de pouvoir le représenter à l'autorité ou à la justice, sur une requisition légale, il est passible d'amende et même de dommages et intérêts envers la partie intéressée et requérante.

63. Pour éviter les fraudes qui se commettent relativement à l'emploi du papier timbré passé en taxe, quoique non employé, il est expressément défendu aux imprimeurs de recevoir le papier timbré en nature.

64. Les imprimeurs sont en conséquence, obligés d'avoir un registre coté et paraphé par le receveur du timbre de la résidence, où sont inscrits jour par jour, avec désignation de leur emploi, sans intervalle ni blancs, et signés par le receveur, les articles de papier que

l'imprimeur fait timbrer ; sauf par celui-ci à exiger l'avance de l'argent par les officiers ministériels.

65. Aucun imprimeur ne peut délivrer les affiches imprimées d'une vente d'immeubles par expropriation forcée, ou de meubles en vertu de jugemens, avant qu'on ne lui ait justifié, par la quittance du journal autorisé par la loi, que l'annonce de cette vente y a été insérée. Il doit viser cette quittance en mentionnant le nombre d'exemplaires qu'il a été chargé d'imprimer, ainsi qu'il suit : « Vue par moi chargé d'imprimer l'affiche de cette vente au nombre de....à....le »

66. Les ouvrages compris dans la troisième classe ne sont assujétis qu'à un simple pouvoir d'imprimer donné par leurs auteurs, tenus d'en répondre en leur propre et privé nom.

Cependant l'imprimeur, dans le cas où il reconnoîtroit dans lesdits ouvrages quelque chose d'évidemment contraire à l'obéissance due au Souverain, et à l'intérêt de l'État, doit se refuser à cette impression et avertir l'autorité locale, à peine d'être poursuivi comme complice de l'auteur desdits ouvrages. (Code pénal, 204, 205, 206).

Les ouvrages de quatrième classe sont exempts d'examen et simplement assujétis à la permission, au bas de chacun d'eux, des chefs des académies et corps enseignans, des académies ou sociétés littéraires, du grand maître de l'Université impériale et des président et secrétaires de chacune des classes de l'Institut de France.

Ils sont pour le surplus des formalités, compris dans les ouvrages de la sixième classe.

Les ouvrages de cinquième classe ne sont assujetis qu'à la permission simple mais écrite, des secrétaires de ces divers Corps.

§ IV.

Prescriptions particulières pour les ouvrages de la 6e. classe.

67. Les livres de la sixième classe dont les journaux purement littéraires font partie, sont uniquement de la compétence du directeur général, et par provision, de celle de l'inspecteur divisionnaire.

L'impression d'aucun ouvrage ne peut donc être commencée, (aux risques, périls et fortune de celui qui l'ordonne), sans que l'inscription préalable n'en ait été faite sur le livre à ce destiné ; que l'envoi de la copie de cette transcription et de la déclaration de l'intention de l'imprimer, n'ait été fait, soit au préfet du département où l'ouvrage doit être imprimé, soit à Paris au préfet de police, et que le double de ces transcription et déclaration n'ait été adressé à l'inspecteur divisionnaire, pour le directeur général.

Sous aucun prétexte, l'ouvrage ne peut être publié, mis en vente ou livré à un tiers, que l'imprimeur n'en ait reçu la permission du directeur général, à peine de saisie, de confiscation et d'amende, et même de plus grandes peines s'il y a lieu.

SECTION QUATRIÈME.

Obligations préliminaires imposées aux Imprimeurs, aux Libraires et à tous autres compris en l'art. 2 du réglement.

68. Les imprimeurs, les libraires et tous autres assujétis au réglement, comme aussi leurs ouvriers, employés et serviteurs doivent honneur et respect à toutes les autorités inférieures et supérieures auxquelles ils sont subordonnés.

69. Ils le doivent également aux visiteurs, aux imprimeurs et aux libraires, assistant les visiteurs, quand ils sont dans l'exercice de leurs fonctions. Tous ceux qui sont soumis aux visites sont tenus, à peine d'amende et de prison, de déférer et d'obtempérer aux demandes et aux réquisitions des visiteurs et de leurs assistans. (Ancien code de la librairie, art. 84).

70. Indépendamment des obligations particulières auxquelles chacune des professions, comprises au réglement, est particulièrement assujétie, suivant ses diverses dispositions, les imprimeurs, les libraires, propriétaires ou non de cabinets de lecture, les propriétaires de journaux, les graveurs, quelque soit la matière qu'ils employent et leur genre de travail, les fondeurs en caractères, les imprimeurs en taille douce, les relieurs, les marchands d'estampes et de musique, sont obligés,

1°. De déclarer aux autorités locales de leur résidence et dont ils dépendent, leur domicile de fait, et le lieu où sont situés ces ateliers, boutiques et magasins, quand bien même ces derniers ne serviroient que de dépôt ou d'entrepôt à leurs diverses marchandises ; (Ancien code, art. 12 et 13).

2°. De placer à la principale porte de leurs ateliers, boutiques et magasins, un écriteau indicatif de leur profession. (Anc. code, art. 14) ;

3°. De rendre leurs domiciles, ateliers, boutiques et magasins, accessibles aux autorités ayant le droit ou spécialement chargées de les visiter, et de les tenir ouverts dans le jour pendant tout le temps de la fabrication ou de la vente. (Ancien code, art. 85).

Les contraventions au présent article sont punies par l'amende, et en cas de récidive, par la fermeture temporaire ou définitive des ateliers, boutiques et magasins, et même par de plus grandes peines suivant la gravité des circonstances. (Ancien code, art. 12 et 13).

SECTION CINQUIÈME.

Des visites ordinaires et réglées, prescrites par le réglement, et des visites générales et extraordinaires ordonnées par les Autorités respectives.

§ Ier.

Dispositions préliminaires.

71. Aussitôt la publication du présent réglement, les imprimeurs sont tenus de se conformer strictement et sans délai à toutes ses dispositions en ce qui concerne particulièrement la police de l'imprimerie.

Ils doivent en conséquence ;

1°. Mettre leur imprimerie au complet, suivant qu'il est ordonné par le réglement. (Ancien code, articles 54 et 87).

2°. Avoir le livre timbré, coté et paraphé, exigé par l'article 11, du décret impérial du 5 février 1810, et le réglement, ainsi que tous les autres livres auxiliaires également ordonnés par ce dernier.

72. Six mois après la publication du réglement (outre les visites générales et extraordinaires qui auroient pu être ordonnées par les autorités compétentes), une visite générale des imprimeries sera faite dans chacun

des départemens de l'Empire. Le visiteur du département, assisté d'un imprimeur et d'un libraire nommés par l'inspecteur divisionnaire, sur la présentation du préfet, est spécialement chargé, dans cette première visite, de constater l'état lors actuel de ces imprimeries; et si les titulaires sont en règle quant à l'exécution des autres dispositions du réglement.

73. Le visiteur constate, dans un seul et même procès-verbal contenu au registre minute à ce destiné, tous les délits et contraventions résultant de l'inexécution du réglement : dans les vingt-quatre heures de sa clôture, ce procès-verbal est affirmé, par le visiteur, devant le tribunal civil du chef-lieu, qui lui en donne acte et en fait mention au pied du procès-verbal : la copie en est sans délai envoyée à l'inspecteur divisionnaire par l'intermédiaire du préfet, auquel elle est remise directement.

74. Au reçu de ce procès-verbal, l'inspecteur divisionnaire fait notifier aux imprimeurs de son ressort, non encore en règle, l'ordre de se conformer aux dispositions du réglement, dans les trois mois de sa notification pour tout délai, à peine d'interdiction et de remplacement. (Anc. code, art. 53).

75. A l'expiration de ce nouveau délai, et lors de la nouvelle visite qui doit le suivre, les imprimeries non complettes sont mises sous le scellé, et les vis des presses déposées au local indiqué par le sous-préfet de l'arrondissement, ou par le préfet, pour y demeurer jusqu'à la décision ultérieure du directeur général. (Ancien code, art. 53).

76. Tous les ordres définitifs relatifs aux visites régulières ou extraordinaires doivent émaner du directeur général. Les inspecteurs divisionnaires prescrivent seulement, pour le cours des visites qu'ils ont ordonnées, les mesures provisoires de bien et d'ordre publics jugées par eux nécessaires, sauf l'approbation ultérieure du directeur général ; et indiquent le jour d'ouverture et de clôture des visites.

77. Le préfet de police de Paris, dans son arrondissement, et le ministre de la police générale, dans toute l'étendue de l'Empire, ont également ce droit, lorsqu'ils ont avis de l'impression d'un ouvrage prohibé et dont la publication peut troubler l'ordre public ; mais alors, les visites ne peuvent être faites, par les agens de la préfecture de police ou du ministère de la police générale, qu'en présence du visiteur du département ou de

l'un des visiteurs de la division requis à cet effet par ces autorités supérieures : copie du procès-verbal doit être envoyée sans intermédiaire au directeur général.

§ II.

Des visites générales ou partielles ordonnées extraordinairement par le directeur général.

78. Le directeur général, quand il le juge convenable, ordonne la visite simultanée de toutes les imprimeries dans une ou plusieurs des divisions départementales. Il commet, à cet effet, soit un ou plusieurs des Auditeurs attachés à la direction, soit quelques-uns des inspecteurs divisionnaires étrangers au ressort qu'ils doivent visiter.

Ces visites se font sans en prévenir l'inspecteur divisionnaire et les préfets du ressort et hors de leur présence. Dans cette visite, l'auditeur ou l'inspecteur se fait assister par un visiteur et par un imprimeur d'un autre ressort, qu'il a choisis et nommés d'office pour en constater le résultat et en dresser procès-verbal.

La minute de ce procès-verbal est rapportée au directeur général sans aucune communication aux autorités du ressort où la visite a eu lieu.

79. L'auditeur ou l'inspecteur divisionnaire prend provisoirement les mesures d'urgence utiles au bien du service ; elles sont exécutoires jusqu'à la décision ultérieure et définitive du directeur général.

§ III.

Des visites régulières à époques fixes et déterminées, des contre-visites, des visites particulières ordonnées par les autorités locales et supérieures de chaque département.

80. Afin que les imprimeurs, les libraires et tous autres, soient dans un état de surveillance continuelle et parconséquent moins exposés à la tentation de se rendre coupables de délits, ou de contraventions au réglement, il sera fait, dans chaque département, tous les trois mois, au

jour indiqué par l'inspecteur divisionnaire, pour la commencer, une visite des ateliers des imprimeries, des boutiques et magasins des libraires, sans distinction de ces derniers, des ateliers de graveurs et fondeurs de caractères, des relieurs, des imprimeurs en taille douce, des fabriquans de papiers, des marchands d'estampes et de musique, des cabinets littéraires, à l'effet de s'assurer, si les imprimeries sont complettes et dans l'état prescrit par le réglement, et si dans ces imprimeries et chez les imprimeurs en taille douce, ils ne s'imprime rien de prohibé; si les libraires, marchands de livres, relieurs et propriétaires de cabinets littéraires, marchands d'estampes et de musique n'ont aucun ouvrage contraire aux devoirs des sujets envers le souverain, aux intérêts de l'état, ou aux bonnes mœurs; et si les graveurs-fondeurs de caractères et les fabriquans de papiers n'ont rien de répréhensible dans leurs ateliers, et enfin, si tous se sont conformés à toutes les dispositions du réglement. (Ancien code, art. 54 et 85).

Pour les contre-visites, *Voyez* l'article 99.

81. Le visiteur particulier de chacun des départemens est assisté d'un imprimeur et d'un libraire, nommés par l'inspecteur divisionnaire. Si pour les autres professions soumises à la visite, le visiteur a besoin d'un expert particulier, il le fera nommer d'office, pour l'objet déterminé au procès-verbal, par l'autorité supérieure du lieu où se fera la visite.

82. Les imprimeurs et les libraires assistans, ne peuvent accompagner les visiteurs plus de deux fois de suite. Ils ne peuvent être rappelés qu'après l'intervalle d'une visite.

83. Les fonctions de l'imprimeur et du libraire assistans, sont de constater en présence du visiteur, qui en redige à mesure le procès-verbal, l'état actuel de chacune des imprimeries, librairies, magasins et ateliers des professions relatives qu'ils visitent; de lui faire observer le bon ou mauvais état des imprimeries; de lui indiquer si elles sont complettes; de lui désigner les ouvrages prohibés; enfin de lui faire remarquer tous les délits et contraventions qui peuvent exister lors de la visite.

84. Lorsqu'une imprimerie visitée se trouve incomplette ou composée de caractères évidemment mauvais, usés, ou d'un œil prohibé, l'imprimeur assistant explique au visiteur en quoi consistent les contraventions, relativement au matériel de ladite imprimerie.

85. Après les délais ci-dessus spécifiés et accordés, les caractères mauvais ou prohibés et papiers défectueux et mal fabriqués, sont arrêtés et sequestrés. (Ancien code, art. 88).

86. Le même imprimeur doit s'assurer si celui qui est visité a son livre timbré, coté et paraphé au desir du décret du 5 février 1810, et du réglement; si ce livre est en règle, c'est-à-dire, tenu sans lacunes, ni blancs, et si, à son égard, toutes les dispositions du réglement sont observées.

87. L'imprimeur visité doit justifier de toutes les permissions des articles portés au registre, lorsque ces articles ont été imprimés.

88. Le visiteur s'assurera s'il ne s'imprime pas d'ouvrage sujet à examen, sans avoir obtenu la permission de les imprimer à fur et à mesure de cet examen. Il devra insérer dans son procès-verbal, et sans pouvoir s'y refuser, les rapports, observations, dires et réquisitions de l'imprimeur ou du libraire assistant, sur chacun des objets relatifs à la visite, ainsi que les réponses de l'imprimeur, du libraire visité, et de tout autre sujet à la visite.

89. Le visiteur et les assistans prennent le relevé du registre timbré en ce qui concerne les articles sujets à permission, à l'effet de comparer ce relevé avec les permissions données par le préfet du département ou le préfet de police, et celles émanées de la direction générale; lorsqu'ils ont lieu de soupçonner que le livre timbré n'est pas en règle, ou qu'il n'est pas identique avec les copies d'inscription et les déclarations adressées tant à l'inspecteur divisionnaire qu'au préfet du département.

90. Le visiteur se fait donner par l'imprimeur visité l'état exact de ses ouvriers, apprentis et alloués travaillant chez lui lors de la visite. Il fait constater par l'imprimeur assistant : 1°. si tous les ouvriers, apprentis et alloués sont munis de tous les papiers qu'ils doivent avoir conformément au réglement, et notamment du certificat de leur inscription sur le registre à ce destiné dans les chefs-lieux de préfecture, ou à Paris à la préfecture de police; 2°. si les apprentis brevetés sont actuellement travaillans chez les imprimeurs avec lesquels ils ont contracté. (Ancien code, 88).

91.

91. Il est également, et en même temps, fait visite des boutiques et magasins de vente, de dépôt ou d'entrepôt, de tous les libraires, des cabinets de lecture, des marchands d'estampes et de musique, et des ateliers des graveurs, fondeurs, des relieurs, des imprimeurs en taille douce et des fabricans de papiers, à l'effet de s'assurer s'ils ne fabriquent point en contravention au réglement; s'ils n'ont point en leur possession quelqu'ouvrage prohibé, enfin si le réglement est exactement observé dans toutes ses parties. (Ancien code, art. 85).

92. Les livres, la musique, les estampes prohibés, vendus en contravention au réglement, ainsi que tous les autres objets qui ont servi à leur fabrication, s'ils sont trouvés, tels que les formes d'imprimerie, les planches gravées sur métaux ou sur bois, les formes défectueuses ou arguées de faux, des fabricans de papiers, sont saisis et séquestrés jusqu'à décision ultérieure du directeur général. (Ancien code, art. 99).

93. Le visiteur est obligé de constater tous les délits et contraventions au réglement que lui, l'imprimeur et le libraire assistans ou autres experts légalement requis et appelés, ont pu remarquer pendant le cours de la visite.

94. Le visiteur, ainsi que l'imprimeur et le libraire assistans, et ces derniers, comme complices du visiteur, sont responsables des troubles et dommages occasionnés par les délits et contraventions qu'ils n'auroient pas constatés. Ils sont passibles d'amende, de prison, de destitution pour le visiteur, d'interdiction temporaire ou définitive pour les assistans, ou experts, suivant le plus ou moins de gravité des circonstances, et à plus forte raison s'ils étoient convaincus de corruption.

95. La conviction de corruption, pour avoir favorisé la soustraction des pièces de conviction ou de la contrefaçon d'un ouvrage quelconque, rend le visiteur et ses assistans, passibles solidairement et par corps, du paiement de toute la valeur de l'édition soustraite, ainsi que de tous les dommages et intérêts auxquels le contrefacteur auroit été lui-même condamné, et des peines qu'auroit pu encourir le délinquant.

96. Il n'est fait, pour la même visite, dans l'étendue d'un département, qu'un seul et même procès-verbal écrit au registre-minute mentionné en l'article 73.

Ce procès-verbal est signé, à la fin de chacune des séances, tant par le visiteur, l'imprimeur et le libraire assistans, que par celui qui est visité. Celui-ci ne peut refuser de le signer, mais il est libre d'y insérer tels dires et observations, et de faire toutes les réquisitions qu'i croit utiles à ses intérêts, sauf la réplique contradictoire et la mention expresse d'en référer au préfet et à l'inspecteur divisionnaire, pour être par eux statué provisoirement et jusqu'à la décision ultérieure et définitive du directeur général.

Le procès-verbal est ouvert et clos avec les imprimeurs et libraires assistans, à peine de nullité : le visiteur est punissable, par une amende, des suites préjudiciables de cette nullité ; l'amende et la destitution sont les peines applicables à la récidive.

97. Le procès-verbal, immédiatement après sa clôture, doit être affirmé devant le tribunal civil du chef-lieu, qui en donne acte snr le registre-minute. La copie en est adressée, sans délai, au préfet pour l'inspecteur divisionnaire, avec un rapport particulier, si le visiteur le croit nécessaire.

98. Ces formalités sont de rigueur pour les visites tant régulières et partielles, qu'extraordinaires et générales, quelque soit l'autorité compétente qui les ait ordonnées.

99. Indépendamment de toutes les visites mentionnées au présent paragraphe, les préfets et les inspecteurs divisionnaires ont le droit d'ordonner des contre-visites à des époques indéterminées et fixées à des jours indiqués, tant pour s'assurer, d'une manière plus positive, de l'exécution du réglement, que pour parvenir à la connoissance et à la répression de quelques délits ou contraventions.

101. Des visites peuvent être faites aussi, de l'ordre des autorités compétentes, à la requête des parties intéressées, tels qu'auteurs ou libraires-propriétaires, mais, lorsqu'ils le requerrent, à leurs frais, risques, périls et fortune, pour la recherche et l'arrestation d'ouvrages contrefaits, ou pour saisir dans le flagrant délit présumé, (de l'impression clandestine de leurs ouvrages), un ou plusieurs imprimeurs qui pourroient en être soupçonnés.

101. Le refus d'ouverture des portes, de la part de ceux que la visite concerne, est, contre eux, un commencement de preuve du délit ou de la contravention dont ils sont soupçonnés. Le visiteur requiert

alors, pour obtenir l'ouverture des portes, l'assistance de l'autorité compétente, obligée de déférer, sans aucun délai, à cette réquisition. (Ancien code art. 86). S'il y a de la part de cette autorité, refus d'obtempérer à la réquisition du visiteur, ou retard notable et préjudiciable, le visiteur, après l'avoir constaté dans son procès-verbal, passe outre, et fait procéder, de son ordre, à l'ouverture ou au bris des portes; cependant le fonctionnaire public, refusant et en retard, est denoncé par le visiteur au procureur impérial du tribunal civil de l'arrondisssement, à l'effet d'être poursuivi d'office. La partie requérante a aussi le droit de se pourvoir contre lui en dommages et intérêts.

Le fonctionnaire public, ainsi poursuivi, est punissable par l'amende et par une injonction de mieux remplir ses devoirs à l'avenir. Il est également passible de dommages et intérêts envers la partie lésée, lorsque les motifs de son refus et les causes du retard sont jugés non pertinens et inadmissibles.

102. A chacune des visites de trimestre, le visiteur reçoit de chacun des imprimeurs, libraires, relieurs, imprimeurs en taille-douce et tous autres, compris en l'article 2 de ce réglement, un droit de visite de quarante sols, dont l'application est ci-après déterminée. (Ancien code, art. 85.). A la fin de chaque visite le montant de la recette est versée à l'inspecteur divisionnaire, pour le transmettre au directeur général, ou en disposer d'après ses ordres.

Les imprimeurs qui cumulent la profession de libraire, et les libraires qui tiennent cabinet de lecture, doivent double droit.

Les propriétaires de journaux doivent triple droit.

Toute autre visite n'est sujette à aucun droit particulier.

§ IV.

De la circulation des marchandises de Librairie dans l'intérieur de l'Empire; et des visites auxquelles elles sont assujéties.

103. Nuls balles, ballots, caisses ou paquets de librairie, réputées marchandises, actuellement dans le commerce, ne peuvent circuler dans l'intérieur de l'Empire, par roulage, diligence, ou toute autre voiture publique, qu'ils ne soient marquées de ces mots *livres*, et en outre de

signes ou marques quelconques rappelées dans la lettre de voiture dont elles sont nécessairement accompagnées. (Ancien code art. 3). Le voiturier doit être porteur 1°. de la déclaration que les balles, ballots, caisses ou paquets qu'il transporte ne contiennent que des livres, 2°. de l'état ou facture des livres transportés, certifié et signé véritable de celui qui les envoie, 3°. de la commission qui a dû lui être délivrée par le commissionnaire chez lequel les marchandises ont été déposées pour être expédiées.

104. Si les marchandises partent du chef-lieu d'un département, celui qui les envoie peut les faire examiner par le visiteur, en présence de ses assistans. Le visiteur s'assure alors si les états, qui lui sont présentés, sont identiques avec les marchandises soumises à la visite, et s'il n'y a rien au-delà ou de prohibé. Lorsque le tout est en règle, et qu'il n'y a lieu à aucun arrêt ou séquestre, le visiteur fait corder et plomber les balles, ballots, caisses ou paquets, et donne le permis du transport. Ces envois doivent arriver directement à leur destination sans plus de formalités. Dans le cas contraire ce qui n'est pas déclaré et ce qui est prohibé, est saisi et séquestré.

105. Lorsque les marchandises ne sont pas visitées, avant leur expédition, la visite doit être faite dans le lieu de l'arrivée, et de la manière ordonnée dans l'article précédent.

106. Lorsque des marchandises de librairie ne partent pas d'un chef-lieu pour un autre chef-lieu, il est fait une visite et une contre-visite par les sous-préfets des lieux du départ et de l'arrivée : ils s'assurent si le contenu aux balles, ballots, caisses et paquets est semblable à l'état certifié et signé, dont le voiturier doit être porteur, et, dans ce cas, elles sont délivrées. Cependant l'état contre-signé du sous-préfet qui a visité le dernier et délivré les marchandises, doit être envoyé au préfet du département pour être examiné par le visiteur et ses assistans. Sur leur rapport que, dans l'état ou facture, il se trouve des livres prohibés ou contrefaits, le préfet ordonne au sous-préfet de se faire remettre ces livres par celui qui les a reçus; et si il ne les a plus en sa possession, défenses doivent lui être faites par écrit d'en faire venir désormais de semblables, à peine d'amende et d'interdiction définitive. Les balles, ballots,

caisses et paquets visités, qui contiennent plus de marchandises qu'il n'y en a de portées dans les états ou factures ; ou bien qui renferment des ouvrages prohibés reconnus tels par les sous-préfets qui les ont visités, sont saisis, séquestrés et envoyés au chef-lieu de la préfecture pour y demeurer jusqu'à décision ultérieure du directeur général.

107. Sont exempts de visites les coffres, malles, paquets et voitures des voyageurs, à moins qu'il n'existe un ordre contraire et particulier des préfets, du préfet de police de Paris, ou du ministre de la police générale.

108. La visite des marchandises de librairie, circulant dans l'intérieur de l'empire, et déposées, pour être visitées, dans le local à ce désigné par le préfet de chaque département, est faite aux jours et heures de la semaine qu'il a indiqués une fois pour toutes. (Ancien code, art. 89.) Il ne peut être procédé à aucune visite, que la remise des états ou factures des marchandises à visiter, n'ait été faite antérieurement au visiteur qui doit s'assurer, avant tout, s'il n'existe pas dans les balles, ballots, caisses ou paquets, plus de marchandises que les factures n'en annoncent.

109. Toutes les contraventions aux dispositions des articles contenus au présent paragraphe, pour en éluder l'exécution ou s'y soustraire par défaut de déclaration, par leur entrée en fraude, ou enfin par leur dépôt ailleurs qu'à la destination indiquée en la lettre de voiture, sont punissables par l'amende et la prison, tant à l'égard des voituriers, que de ceux qui expédient ou reçoivent ces sortes de marchandises. (Ancien code, art. 90). Les visiteurs ou assistans qui, par négligence ou corruption, favorisent la fraude, sont également passibles, suivant la gravité du délit, des peines appliquées par le *titre relatif aux délits et contraventions, aux amendes et peines.*

110. Les ouvrages prohibés ou contrefaits, en circulation, sont sujets à la saisie et à la confiscation, partout où ils se rencontrent. Les auteurs, imprimeurs, libraires, voituriers et tous les fauteurs et complices de leur circulation sont punissables et encourent l'amende, la prison, l'interdiction temporaire ou définitive, la destitution et même de plus grandes peines, s'il y a lieu, suivant la nature et la gravité du délit.

§ V.

De l'entrée sur le territoire de l'Empire français des livres en feuilles, brochés ou reliés, de poinçons, de frappes et de caractères d'imprimerie, de timbres, sceaux, griffes et planches gravées sur métaux ou sur bois, venant de l'Étranger.

111. Toutes les balles, caisses et tonnes, tous les ballots, tonneaux et paquets, etc. venant de l'étranger, contenant des livres en feuilles, brochés ou reliés, des caractères d'imprimerie, leurs poinçons et frappes, timbres, sceaux, griffes, ainsi que les planches gravées sur métaux ou sur bois, venant de l'étranger, sont à l'instant de leur entrée sur le territoire de l'empire français, cordés et plombés par le poste le plus voisin de la douane frontière, et doivent être expédiés directement au chef-lieu de la préfecture dans laquelle réside celui auquel les marchandises sont expédiées, avec un acquit à caution et description de ces balles, caisses, tonneaux, ballots, paquets, etc. et mention du poids de chacun d'eux. (Ancien Code, 98. Art. 37, décret du 5 février, 1810).

112. Le préposé en chef de la douane doit en donner avis au préfet en lui envoyant l'état de tous les papiers dont le voiturier doit être porteur.

113. Lors de l'arrivée des balles, caisses, tonneaux, ballots, etc. à destination, le préfet en fait donner avis à celui que l'envoi intéresse.

114. Le préfet ordonne d'abord le transport de ces marchandises dans le local qu'il a dû indiquer en exécution de l'art. 23. (Ancien code, art. 98, et art. 46 du décret du 5 février 1810).

115. Il en indique la visite à jour et heure déterminés, et requiert le visiteur du département, de faire cette visite tant en présence de l'imprimeur et du libraire, ses assistans actuels et ordinaires, que de l'agent qu'il auroit jugé convenable d'y appeler, et de la partie intéressée.

116. Au jour et heure indiqués cette visite est faite en la présence ou en l'absence de la partie intéressée. Son absence est constatée au procès-

verbal, comme commencement de preuve de complicité de contravention s'il n'a pas fait de déclaration antérieure. *Voyez* l'art. 121.

117. Lorsque dans les balles, caisses, tonneaux, ballots, paquets, etc. visités, il ne se trouve rien qui puisse être argué de faux, ou de prohibé, et quand tout ce qu'ils contiennent n'a point été introduit par fraude ou avec l'intention de se soustraire à la surveillance des préposés de la douane, le visiteur le constate en son procès-verbal, et en délivre le certificat.

118. Sur le vû du procès-verbal et du certificat du visiteur, le préfet du département ordonne la délivrance des balles, caisses, tonneaux, ballots ou paquets visités et déclarés en règle, lorsque le nombre d'exemplaires de chaque ouvrage n'excède pas deux. Pour les ouvrages au nombre de plus de deux exemplaires, le préfet ne peut en ordonner la délivrance que sur le vû de la permission du directeur général, auquel il a dû en adresser précédemment l'état, avec un exemplaire par l'intermédiaire de l'inspecteur divisionnaire. (Art. 36. Décret du 5 février 1810).

119. Avant d'enlever, le propriétaire des marchandises paie, pour le droit de visite et d'entrepôt, deux pour cent de la valeur des objets visités. Ces marchandises ne sont point sujettes à d'autre droit.

120. Le visiteur ordonne, par provision, le dépôt des marchandises visitées, lorsque tout, ou partie seulement de ces marchandises, se trouve prohibée ; ou lorsque les préposés de la douane, en les adressant à la préfecture, les ont déclarées introduites avec dessein de les soustraire à leur surveillance, quoique d'ailleurs elles n'offrent rien de prohibé ou de répréhensible ; le visiteur envoie sans délai copie de son procès-verbal au préfet. Celui-ci transmet le tout, avec son avis, à l'inspecteur divisionnaire, à l'effet de provoquer la décision ultérieure du directeur général.

121. Cependant celui à qui les marchandises ont été adressées, est déchargé de toute responsabilité, de toute espèce de peine encourue par les contrevenans, si, antérieurement à leur envoi, il a remis au préfet ou sous-préfet de sa résidence, le double de la facture des marchandises qu'il attendoit, avec la déclaration qu'il n'entend point se rendre responsable des objets prohibés que les balles, caisses, tonneaux et ballots et paquets pourroient contenir, et qui lui auroient été envoyés à son insu et sans

demande. A défaut de factures qui pourroient n'être pas arrivées, une pareille déclaration, avant la visite, suffit également.

122. Celui sur lequel sont saisies des marchandises venues de l'étranger, prohibées ou constatées avoir été introduites en fraude, ou en tentative de fraude, sans avoir fait, antérieurement à la visite, la déclaration mentionnée en l'article précédent, est passible d'amende, de confiscation, d'interdiction à temps ou définitive, et même de prison, suivant la gravité des contraventions.

§ VI.

De la prohibition de certains livres, caractères d'Imprimerie, leurs poinçons et frappes, de timbres, sceaux, griffes et planches gravées sur métaux et sur bois; venant de l'Étranger, avec défense de les introduire sur le territoire de l'Empire français.

123. Est défendue l'introduction 1°. d'ouvrages français et latins, ayant moins de vingt ans de date, dont l'édition originale a été faite en France; 2°. des ouvrages français, latins, lors même que l'édition originale n'auroit pas été faite en France, et de livres en toute autre langue, séditieux, calomnieux ou contraires aux bonnes mœurs.

124. Est également défendue l'introduction de caractères d'imprimerie fondus, ainsi que les poinçons et les frappes de ces caractères, propres à imprimer le français, et le latin, ayant un œil évidemment semblable à celui des caractères hollandais et anglais, ou présentant une différence, de ceux employés ordinairement sur le territoire français, tellement notable, qu'elle pût donner à croire qu'ils peuvent être d'un usage journalier dans tout autre pays.

125. Sont saisissables et sujets à confiscation les poinçons, frappes de caractères, les timbres ordinaires et les timbres secs, les sceaux et griffes gravés sur acier, sur cuivre ou tout autre metal, et sur bois, destinés à être apposés par impression sur papier ou parchemin, quelque soit leur destination, introduits en fraude, ou dont l'introduction légale n'est pas suffisamment justifiée.

126. La justification légale consiste dans l'exhibition des certificats du propriétaire de ces objets, constatant sa propriété, leurs usage et emploi. Ces certificats sont signés en présence du maire de la résidence, qui atteste que ce propriétaire y est domicilié et lui est connu.

127. Si la visite se fait dans un autre lieu que celui du domicile du propriétaire, ce certificat, visé par le maire, est légalisé par l'autorité supérieure.

128. Cependant, si, malgré ces formalités, il apparoît au visiteur et à ses assistans que tout ou partie des objets visités ont quelqu'analogie ou resemblance avec ceux employés par le Gouvernement, des fonctionnaires publics ou des individus qui leur soient connus, ce premier en suspend la remise et fait un rapport au préfet et à l'inspecteur divisionnaire, pour être, sur ce rapport, d'après leur avis, statué ce qu'il appartiendra par le directeur général.

129. Les caractères et tous autres objets, mentionnés aux art. 123 et 124, introduits de bonne foi et sans fraude, mais qui ne sont pas jugés susceptibles d'admission par le directeur général, sont renvoyés au-delà des frontières.

130. Tous les articles, ci-dessus mentionnés, saisis comme défendus, ou introduits en fraude, ne peuvent être vendus, mais sont cordés, plombés et adressés au directeur général pour être par lui ordonné de leur destination ultérieure.

131. Sont prohibées ou par conséquent saisissables toutes les planches gravées sur métaux ou sur bois, de tous écrits, musique et estampes capables de troubler la tranquillité publique, de porter atteinte soit au respect et aux devoirs envers le Souverain, soit à la fortune publique, soit enfin à l'honneur ou à la fortune des individus. (Ancien code, article 89).

132. Ceux qui se rendent coupables, comme auteurs, fauteurs ou complices, de délits et de contraventions relatives à l'introduction furtive et frauduleuse des objets ci-dessus prohibés, sont passibles d'amendes, de prison, de destitution et d'interdiction, même de poursuites par voie de police correctionnelle ou criminellement, de condamnations, conformément au code pénal, à des peines proportionnées à la gravité des délits.

§. VII.

De la levée des scellés et du séquestre des objets saisis.

133. La levée du scellé et du séquestre sur les objets saisis ne peut, en matière de délits, être ordonnée que par un jugement contradictoire ; et administrativement pour les contraventions ordinaires, et quand il n'y a pas lieu à l'application de l'amende, en vertu d'un arrêté du ministre de l'intérieur, sur le rapport nécessaire du directeur général.

§. VIII.

Honoraires et indemnités accordés aux Imprimeur et Libraire assistans du visiteur.

134. Toutes les visites de la part de l'imprimeur et du libraire assistans du visiteur, sont gratuites, tant qu'ils ne sortent pas de l'arrondissement de leur résidence. Il est seulement, sur le rapport de l'inspecteur divisionnaire, tenu note à la direction générale de leurs services, pour la préférence aux récompenses et encouragemens que S. M. l'Empereur daigneroit, par la suite, accorder aux imprimeurs, aux libraires, soit par le brevet du titre de son imprimeur ou libraire, soit de toute autre manière.

135. Il est dû une indemnité aux assistans du visiteur lorsqu'ils sont obligés de sortir du lieu de la résidence. Cette indemnité est fixée par chacun des préfets du département, suivant la localité. Elle ne peut être moins de douze, ni plus de dix-huit francs par jour.

§. IX.

Fixation du temps de chaque visite régulière ; point de visites sans ordre préalable ; obligation de la part de chaque visiteur, de rappeler à l'inspecteur divisionnaire, quand il y a lieu, l'approche de l'époque de la visite régulière.

136. L'inspecteur divisionnaire de chaque ressort indique au visiteur de chacun des départemens l'espace de temps pendant lequel chaque

visite doit durer, comme aussi le jour d'ouverture et de clôture de chacune de ces visites.

137. S'il arrive quelque circonstance ou événement qui oblige de prolonger le temps, au-delà du jour indiqué pour la clôture, le visiteur le constate sur son procès-verbal, en appelant l'autorité locale pour certifier des faits.

138. Aucune visite à domicile ne peut être faite sans l'ordre préalable d'une autorité compétente.

139. Le visiteur de chaque département peut et doit même rappeler à l'inspecteur divisionnaire du ressort, que le temps de la visite régulière est arrivé, si trois mois et dix jours après la dernière, il n'a pas reçu l'ordre d'une nouvelle visite.

TITRE TROISIÈME.

Des propriétés littéraires ; de leur reconnoissance et garantie par le Gouvernement ; de la réimpression des ouvrages, dont la propriété prescrite n'appartient plus à personne.

SECTION PREMIÈRE.

Des propriétés littéraires ; définition et division de ces propriétés.

140. Sont désignés, sous le titre de propriétés littéraires, les ouvrages produit de la pensée, de l'esprit, de connoissances acquises. Cette nature de propriété est mobiliaire.

141. Ces ouvrages se divisent en deux classes.

La première est composée d'ouvrages dont la propriété appartient à des auteurs vivans, ou à leurs cessionnaires pour en jouir pendant la vie de ces auteurs, et après leur décès pendant l'espace de temps fixé par la loi; cette propriété, quand elle n'a pas été aliénée par ces auteurs, de leur vivant, devient celle de leurs héritiers, ayant cause ou cessionnaires pour tout le temps accordé par la loi.

La deuxième est composée des ouvrages dont la propriété, prescrite par l'effet des lois antérieures, est devenue commune à tous.

142. La traduction des ouvrages écrits en langues mortes ou vivantes, est la propriété du traducteur. La propriété d'une traduction antécédente, n'exclut point la propriété de la traduction nouvelle du même ouvrage.

143. Les ouvrages publiés à l'étranger sont une propriété commune. Ils deviennent, par la licence du directeur général, lorsqu'il en permet la publication, la propriété temporaire du premier occupant.

144. Les auteurs seuls, leurs héritiers ayant cause ou cessionnaires, disposent des unes, les libraires de première classe ont seuls le droit d'user des autres, en vertu du brevet d'assurance et de garantie ou de la licence qui leur sont délivrés par le directeur général.

145. Les héritiers ou ayant cause d'un auteur décédé, qui n'a pas aliéné sa propriété, doivent se pourvoir devant le directeur général pour faire constater leurs droits, et en obtenir le maintien par la mutation du brevet en leur nom.

Les concessionnaires sont également assujétis à cette formalité pour les acquisitions qu'ils font, soit du vivant des auteurs, soit de leurs héritiers après leur décès.

SECTION DEUXIÈME.

De la reconnoissance, de l'assurance et de la garantie des propriétés littéraires par le Gouvernement; des licences et des permissions pour la réimpression et la vente des ouvrages de Sciences, de Littérature et d'Arts.

146. Le Gouvernement reconnoît, assure et garantit la propriété des ouvrage produit de la pensée, ou de connoissances acquises, tels sont

les ouvrages de sciences, de littérature et d'arts, les œuvres de musique, les estampes.

La reconnoissance s'effectue par l'inscription au registre conservateur établi par l'article 151.

L'assurance s'établit par la remise d'un brevet qui constate la propriété, et assure la possession exclusive au porteur de ce brevet pout tout le temps fixé par la loi.

La garantie s'opère par l'obligation contractée par le Gouvernement de protéger la propriété, et de la défendre contre les entreprises des contrefacteurs.

147. Les ouvrages reconnus, assurés et garantis par le Gouvernement, le sont pour tout le temps, ou le reste du temps que doit durer la jouissance de la propriété, conformément à la loi.

148. Le Gouvernement autorise aussi, par une licence préalable et nécessaire, donnée pour un temps limité, la réimpression des ouvrages dont la propriété est prescrite. Chacune de ces licences ne peut être renouvelée aux impétrans qui les ont déjà obtenues ou à de nouveaux pétitionnaires, que le délai des premières ne soit expiré. (Arrêt du Conseil, 30 août 1777, article 6, modifié).

149. Les brevets d'assurance et de garantie et les licences, sont délivrées par le directeur général de l'imprimerie et de la librairie. (Même arrêt, article 7).

150. Les brevets d'assurance et de garantie et les licences, ne seront délivrés qu'à ceux qui auront acquitté les droits portés au tarif compris au dernier titre du présent réglement. (Même arrêt, article 8).

151. Il est tenu à la direction générale, (conformément à l'article 7 du présent réglement), trois registres timbrés, cotés et paraphés par le directeur général. Sont inscrits régulièrement, jour par jour, par ordre de date, sur le premier, les brevets d'assurance et de garantie ; sur le second, les licences ; sur le troisième, les permissions simples. Les droits perçus pour les uns et les autres, y sont relatés.

152. Mention du droit perçu est faite par le caissier de la direction générale sur chacun des brevets, licences et permissions délivrés.

153. Nulle propriété existante antérieurement au présent réglement

n'est assurée et garantie par le Gouvernement, si les propriétaires actuels ne prennent point, soit un brevet de garantie, soit une licence.

154. Toute propriété, dont les auteurs ou libraires concessionnaires n'auront pas pris de brevet d'assurance et de garantie est prescrite, et devient propriété commune, deux années après la publication du présent réglement, à moins qu'il ne fût justifié d'un empêchement quelconque par une force majeure.

155. Nul ouvrage épuisé, dont la propriété n'est pas prescrite, ne peut être réimprimé avec garantie, si le propriétaire n'est point porteur d'un brevet d'assurance et de garantie, ou d'une licence. Il doit, avant tout, remplir cette formalité indispensable et de rigueur.

156. Il n'est délivré de brevet d'assurance et de garantie ou de licence qu'autant que les ouvrages ne présentent rien de repréhensible, et que les formalités prescrites à cet égard, ont été remplies.

157. Les permissions simples sont accordées pour les ouvrages non susceptibles de brevets et comme objets peu importans, de circonstance, et ne devant avoir qu'une existence précaire et momentanée. Elles sont inscrites sur le troisième registre, et assujéties à un simple droit d'inscription.

La contrefaçon des ouvrages, c'est-à-dire leur réimpression à l'insçu et au détriment de leurs auteurs, est un attentat aux propriétés littéraires. Les peines de ce délit sont prévues par le code pénal.

SECTION TROISIÈME.

Du temps fixé à la durée des propriétés littéraires, reconnues, assurées et garanties par un brevet; du temps fixé pendant lequel les Imprimeurs-Libraires et les Libraires jouiront du droit de vendre exclusivement les livres réimprimés en vertu de licence.

158. Le droit de propriété est assuré et garanti à l'auteur et à sa veuve, pendant leur vie, si les conventions matrimoniales de celle-ci, lui en donnent le droit, et à leurs enfans pendant vingt ans. (Art. 39, décret du 5 février 1810).

159. Cependant ce délai est prorogé par S. M. l'Empereur, pour le temps que sa justice juge à propos d'accorder, toutes les fois qu'un ouvrage de sciences, de littérature, ou d'arts, par l'importance du travail, ou par les grandes dépenses qu'il doit occasionner et nécessiter, mérite la faveur d'une semblable exception.

160. Les licences, pour la réimpression et la vente des ouvrages dont la propriété est prescrite, sont, suivant l'importance de l'ouvrage, accordées pour trois, six, neuf ou douze années.

161. Les droits de brevets, compris en l'art. 157, sont proportionnés au temps accordé par ces brevets.

162. Les droits des licences sont simples, doubles, triples ou quadruples suivant leur durée.

SECTION QUATRIÈME.

Des formalités préalables et nécessaires pour obtenir du Gouvernement le brevet d'assurance et de garantie d'une propriété littéraire.

163. L'auteur, sa veuve, quand elle a droit, ses héritiers ou ayant cause, ou le libraire cessionnaire, lorsqu'ils se proposent de faire imprimer et publier un ouvrage quelconque, doivent d'abord former la demande d'un brevet d'assurance et de garantie, à l'effet :

1°. De constater leur propriété ;

2°. De la défendre contre les atteintes qu'on voudroit y porter.

La demande est adressée à l'inspecteur divisionnaire du ressort, qui la transmet au directeur général. (A Paris, un des auditeurs attachés à la direction, en fait les fonctions).

164. A la demande doit être annexé

1°. Le titre de l'ouvrage, donné le plus exactement possible. Les changemens qui pourroient y survenir dans l'intervalle de l'inscription au registre conservateur et de la délivrance du brevet doivent être communiqués à la direction générale; cette formalité est indispensable (1) ;

---

(1) Pour que le brevet puisse avoir son effet, il faut que le titre de l'ouvrage garanti, soit identique avec celui que porte l'ouvrage imprimé et publié. Autrement le brevet n'auroit aucune valeur, il ne pourroit rien assurer ni rien garantir, faute d'application.

2°. La promesse écrite et signée du requérant, d'acquitter les droits et de fournir les cinq exemplaires exigibles par l'art. 48 du décret du 5 février 1810.

165. A la direction générale, le titre de l'ouvrage est inscrit au registre conservateur par l'auditeur chargé de sa tenue. Copie de cette inscription, avec son numéro d'ordre, signée de l'auditeur, est envoyée à l'inspecteur divisionnaire, ponr être remise au requérant.

166. Cette demande est indépendante de toutes les autres formalités ordonnées, tant par le décret du 5 février 1810 que par le réglement. Elle ne peut les suppléer. Toutes doivent avoir été remplies : les droits sont aussi acquittés avant la délivrance du brevet d'assurance et de garantie.

167. Le brevet ne donne le droit de publier et de vendre un ouvrage que lorsque le dépôt des cinq exemplaires a été effectué, conformément à l'article 48 du décret du 5 février 1810 ; et ce dépôt ne peut l'être que sur le vû du brevet. Tout ouvrage, mis en vente, sans pouvoir justifier de cette fourniture, est susceptible de saisie et de séquestre.

168. Le brevet d'assurance et de garantie est délivré de suite, lorsque le directeur général a jugé que l'ouvrage n'étoit pas susceptible d'examen, et qu'il n'a pas requis le dépôt de manuscrit.

169. Lorsque l'ouvrage est susceptible d'examen, l'auditeur présente au directeur général copie de l'inscription de l'ouvrage sous son numéro d'ordre, à l'effet d'ordonner le dépôt du manuscrit à la direction ou chez l'inspecteur divisionnaire, à moins qu'il n'autorise l'examen au fur et à mesure de l'impression.

170. Le magistrat nomme un censeur pour examiner l'ouvrage, et ordonne la forme de l'examen. *Voyez* art. 219.

171. Avant d'être envoyé au censeur, le manuscrit doit avoir été paraphé par l'auteur ou son représentant, et son état constaté par un procès-verbal. (Décret du 5 février 1810, article 24. — Réglement, art. 217). *Voyez*, pour les formalités à remplir, le titre IVe. *de la Censure*, page 45).

172. La propriété des ouvrages imprimés hors de l'Empire ne peut être jamais garantie.

173. Lorsque le rapport du censeur est favorable et qu'il ne survient aucun des obstacles prévus par les articles 15 et 26 du décret du 5 février 1810, et par le réglement, le brevet d'assurance et de garantie est délivré par l'auditeur dépositaire du registre conservateur.

174. Lorsqu'il y a lieu de refuser l'approbation d'un ouvrage, d'après la décision définitive du directeur général, conformément à l'art. 18 du décret du 5 février 1810, l'auditeur dépositaire du registre conservateur fait mention de cette décision en marge de l'inscription de l'ouvrage. Le droit est rendu, s'il a déjà été perçu.

SECTION CINQUIÈME.

De la cessibilité et transmission des propriétés littéraires.

175. Le brevet d'assurance et de garantie d'une propriété littéraire est transmissible à la veuve de l'auteur, quand elle y a droit par ses conventions matrimoniales; et à leurs enfans pendant vingt ans (Art. 39, décret du 5 février 1810); ou même pour un plus long espace d'années, si S. M. l'Empereur a jugé à propos, par des motifs particuliers, de prolonger la durée de la propriété.

176. Le brevet d'assurance et de garantie est également cessible et transmissible à tout imprimeur-libraire, et à tout libraire de première classe, et par ceux-ci à leurs confrères pour en jouir, faire et disposer, comme de leur propre chose, et en leur lieu et place, pendant tout le temps que doit durer la propriété.

177. Le brevet est également transmissible par vente, cession et donation à tout autre qu'un imprimeur-libraire ou un libraire, mais à la charge de la vente de l'ouvrage chez un libraire.

178. La transmission d'une propriété littéraire n'est reconnue que quand elle a été faite par un acte authentique et public, et qu'il en a été fait mention au registre conservateur et sur l'acte par l'auditeur.

179. Il doit être ainsi procédé à chaque mutation de propriété, attendu

qu'elle ne peut être reconnue, assurée et garantie par le Gouvernement, qu'il n'en ait la connoissance légale.

SECTION SIXIÈME.

Des Ouvrages dont la propriété est prescrite; des formalités à remplir pour obtenir la faculté de continuer de vendre ceux déjà imprimés, de les réimprimer quand ils manquent, et enfin de les vendre ou de les céder.

180. La propriété des ouvrages dont les auteurs sont morts depuis dix années révolues est prescrite.

181. Tous les livres de cette nature, réimprimés avant la publication du présent réglement, sans la permission du directeur général, sont sujets à l'inscription sur le registre tenu à cet effet à la direction générale, en vertu de l'art. 7 du réglement.

182. Dans les cinquante jours qui suivront la publication du réglement, tous les imprimeurs-libraires, et libraires sont obligés d'adresser à l'inspecteur divisionnaire du ressort l'état exact de chacun des ouvrages qui composent le fonds de leur commerce. Cet état certifié véritable doit être accompagné d'un exemplaire de tous les articles qui y sont compris.

183. Ces ouvrages, notamment les livres classiques et d'instruction publique, sont soumis à un examen préalable.

184. Le directeur général autorise la vente de ceux reconnus corrects et entiers. Il n'est dû aucun droit pour cette autorisation.

185. Le directeur général défend et prohibe la vente des ouvrages déclarés incorrects, informes et incomplets, et ordonne leur vente à la rame (1) par le propriétaire.

---

(1) On appelle *papier à la rame, le papier imprimé* mis hors du commerce de la librairie, et vendu par paquets de 500 feuilles qui composent une rame.

186. Cette ordonnance est adressée à l'inspecteur divisionnaire, qui la transmet au visiteur avec ordre de se transporter au magasin où l'édition doit être annulée, pour y enlever plusieurs des feuilles de l'ouvrage et les séquestrer jusqu'à décision ultérieure.

187. Le visiteur dresse, sur son registre minute, procès-verbal de l'enlèvement des feuilles retirées en y spécifiant lesquelles.

188. Ces feuilles sont mises en dépôt dans le local désigné en l'art. 23, et vendues par le visiteur, en la présence ou en l'absence du propriétaire dûment appelé lorsqu'il est assuré que le corps de l'ouvrage n'existe plus. Le prix de cette vente dont il est dressé procès-verbal appartient et est remis au propriétaire de l'ouvrage annulé, sauf les déboursés.

189. Tout imprimeur-libraire, et libraire a la faculté de réimprimer ou de faire réimprimer les ouvrages dont la propriété est prescrite, après en avoir obtenu la permission du directeur général et s'être pourvu de la licence prescrite par l'article 155.

190. Pour obtenir cette licence, il doit adresser à l'inspecteur divisionnaire copie de la transcription du titre de l'ouvrage, du registre timbré de l'imprimeur, avec sa déclaration de l'intention de réimprimer au nombre déterminé, avec annonce des changemens, additions ou retranchemens, s'il doit y en avoir.

191. L'inspecteur divisionnaire transmet au directeur général, pour y faire droit, ces diverses pièces avec son rapport sur la capacité et les moyens de l'impétrant, lorsque l'ouvrage doit être considérable par la difficulté de son exécution ou à cause de la dépense.

192. La licence est accordée ou refusée suivant que les renseignemens sont ou non favorables.

193. La date du pourvoi en licence fait le titre pour obtenir la priorité.

194. Il ne peut être accordé de licence du même ouvrage au delà de cinquante mille exemplaires.

195. Le directeur général a même le droit de refuser une nouvelle ou plusieurs autres licences du même ouvrage, lorsque par le nombre des volumes, la difficulté de l'exécution et de grands frais, une seconde ou plusieurs autres licences pourroient exposer, non-seulement à un préjudice notable, mais même à une ruine certaine, celui auquel la première licence auroit été accordée.

196. Chaque licence relate le nombre d'exemplaires de chacune des éditions : ce nombre ne peut dépasser quatre mille.

197. La réimpression doit être faite dans le délai fixé par la licence : celui qui en est pourvu est déchu de son bénéfice si, le délai expiré, cette réimpression n'est pas effectuée au moins aux trois quarts.

198. La licence contient aussi le temps de sa durée et de son effet.

199. Toute édition d'un livre, réimprimé en vertu de licence, est saisissable, si le nombre d'exemplaires existans excède celui spécifié en la licence.

200. Les évêques et archevêques sont autorisés, pour leurs diocèses respectifs seulement, à permettre la réimpression des livres d'église et de dévotion ; mais leurs autorisations n'ont d'effet que quand elles ont été ratifiées par le ministre de l'intérieur, sur le rapport préalable et nécessaire du directeur général.

201. Ces permissions particulières ne dispensent point les ouvrages de l'inscription au registre mentionné en l'art. 7 du réglement : le porteur de ces permissions ne peut s'assurer de leur effet, et par conséquent exclure tout autre de la concurrence, qu'il ne soit en outre pourvu de la licence exigée par le réglement.

202. Ces licences sont également soumises aux dispositions des art. 192, 193 et 194.

203. Tout ouvrage imprimé et vendu sans licence, est assimilé à une contrefaçon, quoique la propriété en soit prescrite.

204. Les licences sont cessibles et transmissibles; mais chaque mutation doit être portée au registre des licences dans les deux mois de sa date, à peine de nullité de la cession et de la licence, et par conséquent de saisie et de confiscation des marchandises cédées et transmises sans que les formalités aient été remplies.

TITRE QUATRIÈME.

DE LA CENSURE.

De la Censure et de la garantie envers le Gouvernement, de tous ceux qui font imprimer, impriment, vendent et publient des ouvrages et autres objets imprimés.

SECTION PREMIÈRE.

Définition de la Censure ; division des ouvrages susceptibles d'examen. Responsabilité de ceux qui sont autorisés à donner des permissions particulières d'imprimer.

§. Ier.

Définition de la Censure.

205. La censure, c'est-à-dire, l'examen des ouvrages destinés à l'impression et à la publication, est la surveillance que tout gouvernement protecteur de l'ordre et de la tranquillité publics ; gardien des mœurs, de l'honneur et de la fortune de l'Etat ; garant enfin de l'honneur et de la fortune des citoyens, a le droit incontestable d'exercer pour empêcher tout attentat aux devoirs des sujets envers le Souverain, aux intérêts de l'Etat, et toute atteinte à l'honneur et à la fortune des particuliers.

§. II.

Division des ouvrages susceptibles d'examen.

206. Les ouvrages susceptibles d'examen se divisent en deux classes, qui se composent,

La première des ouvrages dits *de ville.*

La seconde des ouvrages dits *de labeur.*

(Voyez, pour la distinction de ces ouvrages entre eux, le n°. 56 pages 14 et suivantes).

207. Les ouvrages compris dans l'art. 56 sous le titre de première classe sont tous de la compétence des préfets de départemens et du préfet de police de Paris.

208. Les ouvrages de la première classe sous le n°. 1 ne sont, particulièrement, susceptibles ni d'examen ni de permission : l'imprimeur qui en est chargé n'est tenu qu'à leur inscription sur son registre timbré.

209. Les ouvrages sous les n°s. 2, 3 et 4 sont adressés à un bureau particulier établi *ad hoc* dans chacune des préfectures, et à la préfecture de police de Paris, pour y être examinés, afin de s'assurer, 1.° si le contenu auxdits imprimés est licite; 2°. si les annonces sont conformes à la vérité, ou ne contiennent rien de prohibé et de nuisible, 3°. enfin à l'effet d'exercer toutes mesures de prudence nécessaires à l'ordre, la tranquillité et la sûreté publics.

210 Les permissions de ces sortes d'ouvrages sont délivrées dans ces bureaux dans les 48 heures.

211. Les autres ouvrages de première classe, compris aux n°s. 5, 6, 7 et 8 de l'art. 56, susceptibles d'examen, sont adressés, par ces autorités aux censeurs nommés par S. M. l'Empereur, pour ce service particulier. Ces censeurs sont ceux appelés dans l'art. 60, *Censeurs de la police.*

212. Les ouvrages des deuxième, troisième, quatrième et cinquième classes ne sont susceptibles d'aucun examen ; mais ils sont garantis par ceux qui les ont autorisés et permis.

213. Les ouvrages, dits *labeurs*, formant la sixième classe sont *tous* dans l'attribution exclusive et absolue du directeur général, et sont susceptibles d'examen, quand il l'a ainsi jugé. (Art. 13, décret du 5 février 1810).

SECTION SECONDE.

Des formalités prescrites aux auteurs et aux propriétaires d'ouvrages, aux imprimeurs, aux libraires, qui veulent les faire imprimer, publier et vendre; et des mesures particulières à l'impression et à la publication de quelques-uns de ces ouvrages.

214. Aussitôt qu'un imprimeur est chargé d'imprimer un ouvrage, son premier devoir est

1°. D'inscrire le titre de l'ouvrage, aussi exactement que possible, sur le registre timbré à ce destiné.

2°. D'adresser copie de cette inscription, avec sa déclaration de l'intention d'imprimer, à l'inspecteur divisionnaire du ressort, et au préfet du département, et à Paris à la direction générale et au préfet de police.

Les préfets donnent connoissance des déclarations au ministre de la police générale (Art. 11 et 12, même décret).

215. L'inspecteur divisionnaire donne à l'imprimeur la permission de commencer l'impression, lorsqu'une des circonstances suivantes la favorise.

1°. Quand les formalités exigées pour constater les propriétés littéraires ont été remplies par l'auteur ou le propriétaire actuel de l'ouvrage.

2°. Quand il est assuré que le manuscrit est d'avance approuvé.

3°. Quand le directeur général a jugé à propos de permettre que l'ouvrage ne fût examiné et approuvé qu'au fur et à mesure de l'impression, sauf, dans ce dernier cas, les risques à courir de de cartons à faire et de quelques pertes à essuyer.

216. Le directeur général envoie à l'imprimeur, qui a fait antérieurement la déclaration de l'ouvrage, le récépissé de la feuille de transcription de son registre timbré, lorsqu'il a jugé l'examen inutile ou que cet examen n'a été provoqué par aucun ministre, suivant l'art. 228 : il peut alors être donné suite à l'impression.

217. Le directeur général peut ordonner quand il le juge nécessaire, la communication et l'examen de l'ouvrage, et consentir qu'elle se fasse au fur et à mesure de l'impression pour n'imprimer les feuilles que quand elles sont approuvées, ou surseoir s'il y a lieu, à toute impression (Art. 14, même décret).

218. Il est libre à tout auteur et à tout imprimeur de provoquer l'examen et l'approbation d'un ouvrage, avant de le livrer à l'impression.

L'un ou l'autre remet alors, ou fait remettre chez l'inspecteur divisionnaire de son ressort ou à la direction générale, cet ouvrage paraphé de lui, au bas de chacune des pages du manuscrit, et signé aux première et dernière pages. Il est dressé de cette remise un procès-verbal que lui ou son représentant doit signer (Art. 21, décret du 5 février 1810, Réglement 172.).

219. Le directeur général commet à l'examen des ouvrages qui en sont susceptibles, l'un des censeurs nommés par S. M. l'Empereur, et ce censeur dresse procès-verbal du résultat de son examen. (Art. 14, même décr.).

220. Sur le rapport du censeur le directeur général peut indiquer à l'auteur les changemens ou suppressions jugés convenables.

221. L'auteur, qui croit devoir réclamer contre les changemens et suppressions indiqués, s'adresse à cet effet au ministre de l'intérieur. (Art. 17, même décret).

222. Il est procédé à un nouvel examen de l'ouvrage, par un nouveau censeur nommé à cet effet par le directeur général.

223. Ce censeur rend compte de l'ouvrage au directeur général assisté

du

du nombre des censeurs qu'il aura jugé à propos de s'adjoindre : le magistrat donne ensuite une décision définitive. (Art. 18, même décret).

224. L'avis du censeur et la décision du directeur général sont consignés dans un procès - verbal remis à l'auteur et à l'imprimeur ; losquels, alors, sont tenus de se conformer aux changemens et suppressions, s'il y en a d'indiqués. (Art. 25 même décret).

225. Sur le refus de l'auteur d'y obtempérer, le directeur général défend la publication et la vente de l'ouvrage, ordonne le bris des formes et la saisie des feuilles ou des exemplaires déjà imprimés. (Art. 16, même décret).

226. Le directeur général prévient les ministres de la prochaine publication de l'ouvrage qui peut intéresser quelque partie du service public, suivant les attributions de chacun d'eux. Sur la demande du ministre que l'ouvrage intéresse, le directeur général en ordonne l'examen. (Art. 19, même décret).

227. Les ministres ont le droit de requérir du directeur général un ordre d'examen qu'il ne peut refuser, quand ils ont avis, autrement que par lui, de la prochaine impression ou publication d'un ouvrage qui intéresse quelques parties de leur attributions. (Art. 20, même décret).

228. Le résultat de l'examen est communiqué au ministre réquérant, S'il y a diversité d'opinions, le ministre de l'intérieur en soumet le rapport à S. M. l'Empereur, pour prononcer. (*Idem*).

229. Le censeur chargé d'examiner un ouvrage dresse le procès-verbal du résultat de son examen ; l'ouvrage est par lui paraphé et remis avec le procès-verbal, à la direction générale. (Art. 24, même décret). Copie de ce procès-verbal, s'il est favorable, est envoyée à l'auteur ou à l'imprimeur.

230. Le brevet de garantie peut alors être délivré et l'ouvrage imprimé et publié.

231. Lorsqu'un brevet de garantie a déjà été délivré pour un ouvrage ; et que sur la foi de ce brevet, l'entreprise est mise à fin ou seulement commencée, il ne peut être fait d'envoi de récépissé, ni de copie de procès-verbal, ni délivré aucun nouveau brevet de garantie pour un second ouvrage, semblable et identique pour le fonds à celui déjà garanti, que trois années après la mise en vente de ce premier, cette vente est constatée par le récépissé des cinq exemplaires deposés conformément au réglement.

232. Le censeur remet à la direction générale son procès-verbal et l'ouvrage non paraphé, lorsqu'il l'a jugé non susceptible d'approbation. L'auteur ou l'imprimeur reçoit alors l'avis de ce résultat et de reprendre le manuscrit, si l'auteur ne se pourvoit pas en révision.

233. La vente et la circulation de tout ouvrage, dont l'auteur ou l'éditeur ne peut représenter le procès - verbal d'examen, et par conséquent le brevet de garantie, est suspendue et prohibée par le fait; et les éditions et exemplaires en sont saisissables entre les mains de tout imprimeur, de tout libraire, et de tout autre individu qui pourroit les avoir en sa possession. (Art. 23 même décret).

234. Toute autorité chargée de l'action de la police, (depuis le maire d'une ville jusqu'au ministre de la police générale,) est compétente pour ordonner l'arrestation et la saisie de semblables ouvrages. (Idem.).

235. Toutes ces autorités ont également le droit de faire surseoir à l'impression des ouvrages qui leur paroissent s'imprimer en contravention. Le manuscrit est envoyé dans les vingt-quatre heures au directeur général, et le scéllé apposé par le visiteur du département sur les feuilles imprimées déjà existantes et sur les formes composées. Ce dernier remet copie de son procès - verbal au préfet pour le transmettre à l'inspecteur divisionnaire et en donner connoissance au ministre de la police générale. (Art. 15, même décret).

236. La levée des scéllés ne peut être ordonnée que par le directeur général, ou par le ministre de la police générale, quand l'ordre de l'apposition est émané de lui.

237. L'action des autorités inférieures n'a lieu que sauf l'intervention et l'approbation des autorités supérieures suivant leurs rang et pouvoir.

238. L'imprimeur, sur le vu du brevet de garantie et du procès-verbal approbatif du censeur et sur le récépissé du directeur général, peut non seulement imprimer mais même livrer l'ouvrage lors de l'achèvement de l'impression. Il est seulement tenu de garder, par devers lui, et le procès-verbal du censeur et le manuscrit ou les épreuves de l'ouvrage, paraphés et approuvés par le censeur, à moins qu'ils ne préfère les échanger contre le récipissé de l'inspecteur divisionnaire, à l'effet d'opérer sa décharge définitive et d'exercer sa garantie contre tout acte subséquent des autorités.

SECTION TROISIÈME.

Des ouvrages suspendus et même défendus de l'ordre du Ministre de la police générale, quoique l'Auteur et l'Imprimeur se trouvent en règle, et qu'ils se soient conformés à tout ce qui est prescrit par le décret du 5 février 1810 et le Réglement; formalités et dispositions relatives à la saisie et au séquestre de ces ouvrages; indemnités et témoignage de bonne conduite accordés aux parties saisies et lésées; annihilation et destruction des ouvrages.

§ Ier.

Des ouvrages suspendus et même défendus de l'ordre du Ministre de la police générale, quoique l'Auteur et l'Imprimeur se trouvent en règle, et qu'ils se soient conformés à tout ce qui est prescrit par le décret du 5 février 1810 et le Réglement.

239. La vente et la circulation de tout ouvrage, dont l'auteur, l'éditeur ou l'imprimeur peut représenter le procès-verbal mentionné en l'article 230 avec le manuscrit et l'exemplaire paraphé, ou bien conformément à l'article 238, le récépissé de l'inspecteur divisionnaire, ne peuvent être suspendus et les exemplaires mis sous le scellé, que de l'ordre exprès du ministre de la police générale.

Alors, et dans les vingt-quatre heures, le ministre de la police générale transmet à la commission du contentieux du conseil d'État un exemplaire de l'ouvrage avec les motifs qui l'ont déterminé à en ordonner la suppression. (Art. 27, même décret.).

240. Le rapport et l'avis de la commission du contentieux est envoyé au conseil d'État pour être statué définitivement. (Art. 28, idem).

§ II.

Formalités relatives à la saisie et au séquestre de ces ouvrages ; indemnités dues aux parties saisies pour les dommages et pertes qu'elles ont éprouvées.

241. Lorsque le ministre de la police générale a ordonné la suppression d'un ouvrage dont l'auteur et l'imprimeur sont en règle, le préfet ou le commissaire général de police auquel l'ordre est adressé fait prévenir le visiteur du département à l'effet de se transporter dans les boutiques et magasins où se vend l'ouvrage prohibé.

Il arrête et séquestre l'édition ou tous les exemplaires de cet ouvrage qu'il peut rencontrer, en consignant dans son procès-verbal et le nombre d'exemplaires saisis et le nom de chacun de ceux auxquels ces exemplaires appartiennent.

242. Attendu que la saisie et le sequestre des ouvrages arrêtés ne sont faits que par mesure de sûreté générale et sans qu'il y ait aucune faute de la part des parties saisies, le visiteur est tenu d'user de tous les ménagemens, de toutes les précautions nécessaires pour assurer leur tranquillité en évitant tout éclat capable de nuire à leur crédit. Son procès-verbal doit non-seulement contenir, à cet égard, tout ce qui peut assurer la réputation et la bonne renommée de ces parties saisies ; mais il doit, et pour leur justification, et pour leur donner les moyens de réclamer la juste indemnité qui leur est due, leur laisser, sans même qu'elles soient obligées de le requérir, l'extrait de cette partie de son procès-verbal.

243. L'ouvrage reste sous le scellé ou demeure séquestré dans le dépôt jusqu'à la décision ultérieure et définitive du conseil d'État.

244. L'ouvrage est confisqué lorsque le conseil d'État juge conformément aux motifs du ministre de la police générale.

245. Alors il est dû une indemnité aux parties saisies.

246. Cette indemnité est fixée 1°. d'après la déclaration du propriétaire et la représentation du mémoire des frais d'impression, 2°. d'après le rapport estimatif de deux arbitres choisis l'un par le ministre de la police générale, l'autre par la partie lésée, pour fixer un prix au manuscrit; ces arbitres en nomment de suite un troisième.

247. L'édition ou les exemplaires saisis et séquestrés sont rendus à leurs propriétaires lorsque le conseil d'État n'a pas jugé conformément aux motifs du ministre.

248. Il est dû en outre une indemnité à l'éditeur, lors même que le séquestre s'est prolongé à moins de six mois; l'indemnité est fixée à 10 pour cent de la valeur intrinsèque de l'ouvrage. Elle est portée jusqu'à 25 pour cent quand la durée du séquestre a dépassé six mois. Le séquestre ne peut durer plus d'une année. Cette époque passée, l'auteur ou l'éditeur a droit à l'indemnité déterminée par l'art 246, en diminuant cependant la valeur du papier considéré comme *papier à la rame*.

249. Toutes ces indemnités sont acquittées par le trésor impérial en vertu de l'ordonnance du ministre de la police générale sur les fonds de son ministère.

250. Outre ces indemnités, l'inspecteur divisionnaire, sur le rapport du visiteur, délivrera à la partie saisie un certificat constatant qu'elle avoit satisfait à tout ce que la loi avoit prescrit, que l'ouvrage a été saisi, par ordre du ministre de la police générale, sans qu'il y ait rien à lui reprocher.

251. L'ouvrage supprimé est dénaturé par le visiteur pour être vendu à *la rame*, et par partie, aux époques ultérieurement indiquées par l'inspecteur divisionnaire.

Il est mis au pilon (c'est-à-dire, réduit en pâte dans une fabrique de papier), s'il est ainsi ordonné par ordre particulier du ministre.

SECTION QUATRIÈME.

Des Censeurs.

252. Les censeurs sont nommés par S. M. l'Empereur, sur une liste de candidats, formée sur le rapport du directeur général et présentée par le ministre de l'intérieur. (Art. 14, décret du 5 février 1810).

253. Ils sont chargés de l'examen des ouvrages qui leur sont adressés par le directeur général, ou présentés par les auteurs, éditeurs et imprimeurs avec le mandat spécial de ce magistrat. Leur approbation n'est valable qu'autant qu'ils ont été autorisés à la donner.

254. Indépendamment du procès-verbal du rapport qu'il doivent ajouter à la suite du procès-verbal constatant l'état du manuscrit et contenant l'acte de leur nomination, ils paraphent et signent l'ouvrage quand ils l'ont approuvé, et placent au bas de la dernière page de l'ouvrage ces mots : *Approuvé*—ou bien : *Approuvé* avec *les changemens et suppressions indiqués*.

255. Ils ne paraphent point les ouvrages auxquels ils croient devoir refuser leur approbation. Leur procès-verbal doit contenir les motifs de refus.

256. Les censeurs sont tenus de procéder à l'examen au fur et à mesure de l'impression quand il a été ainsi ordonné par le directeur général.

257. L'imprimeur est alors, obligé de remettre au censeur une bonne feuille de l'ouvrage imprimé, indépendamment de celle qui doit être paraphée pour servir de garantie.

258. Un nombre déterminé de censeurs est attaché, soit à la préfecture de police, soit à quelques-unes des préfectures de départemens, ou des inspections divisionnaires, suivant le besoin.

259. Les formalités exigées pour l'examen des ouvrages dits *labeurs* ne sont point exigibles pour l'examen des ouvrages dits *de ville*. L'acte de nomination du censeur l'investit de l'autorisation nécessaire pour examiner tous les ouvrages de la compétence des préfets de départemens et du préfet de police.

260. Il est établi près la préfecture de police de Paris un bureau particulier où tous les ouvrages sujets à examen doivent être apportés pour être distribués, sans distinction, aux censeurs de la police.

261. Les censeurs de la police sont au nombre de trois avec un traitement fixe et particulier.

262. Dans les départemens ils sont placés suivant le besoin.

SECTION CINQUIÈME.

Décharge et garantie accordée par le Gouvernement, aux Auteurs, Imprimeurs et Libraires qui ont observé toutes les formalités prescrites par le Réglement, relatives à l'impression, la publication et la vente des ouvrages.

263. Lorsque l'impression d'un ouvrage sujet à examen est terminée, l'imprimeur peut remettre au préfet de son département, pour être transmis à l'inspecteur divisionnaire, le procès-verbal en vertu duquel l'impression a été permise avec le manuscrit ou les épreuves paraphées de l'ouvrage.

Il reçoit en échange, de l'inspecteur divisionnaire, un récépissé qui opère la décharge de toute espèce de responsabilité et de garantie contre toute poursuite ultérieure. (Ancien code, art. 38).

264. A défaut de ce récépissé, ils sont obligés de garder, pendant cinq ans, les procès-verbaux et les manuscrits des épreuves paraphées.

265. Tous ceux qui peuvent représenter les récépissés ou les autres pièces mentionnées en la présente section ne peuvent être inquiétés et poursuivis pour le contenu aux ouvrages que ces récépissés et pièces concernent.

266. Les ouvrages ne peuvent être arrêtés et saisis qu'en vertu de l'ordre du ministre de la police générale, avec les formalités prescrites, et sauf les indemnités déterminées par les art. 245 à 249.

267. Les imprimeurs doivent conserver, pendant deux ans consécutifs, la permission des ouvrages de ville ainsi que les pouvoirs et permissions particulières d'imprimer autorisées par le réglement.

TITRE CINQUIÈME.

De l'Imprimerie.

SECTION PREMIÈRE.

Fixation des Imprimeries dans toute l'étendue de l'Empire.

268. En exécution de l'article 3 du décret du 5 février 1810, ainsi conçu : « A dater du 1er. janvier 1811, le nombre des imprimeurs dans » chaque département sera fixé, et celui des imprimeurs de Paris, sera » réduit à soixante ».

Le nombre des imprimeries dans chacun des départemens de l'Empire français est fixé ainsi qu'il suit :

Première division.

PARIS, chef-lieu.

1. AISNE.

Villes	Nombre des Imprimeries.
Laon	
Château-Thierry	1
Saint-Quentin	1
Soissons	1
Vervins	1

2. AUBE.

Villes	Nombre
Troyes	2
Arcis-sur-Aube	1
Bar-sur-Aube	1
Bar-sur-Seine	1
Nogent-sur-Seine	1

3. EURE-ET-LOIR.

Villes	Nombre
Chartres	1
Château Dun	1
Dreux	1
Nogent-le-Rotrou	1

4. LOIR-ET-CHER.

Villes	Nombre
Blois	1
Romorantin	1
Vendôme	1

5. LOIRET.

Villes	Nombre
Orléans	4
Montargis	1
Pithiviers	1

6. MARNE (la).

Villes	Nombre
Châlons-sur-Marne	1
Epernay	1
Reims	2
Sainte-Menehould	1
Vitry-le-Français	1

7. NORD (le).

Villes	Nombre
Lille	4
Avesnes	1
Cambrai	2
Douai	2
Dunkerque	1
Hazebrouck	1
Valenciennes	1

8. OISE.

Villes	Nombre
Beauvais	1
Clermont (Oise)	1
Compiègne	1
Senlis	1

9. SEINE.

Villes	Nombre
Paris	60

10. SEINE-ET-MARNE.

Villes	Nombre
Melun	1
Fontainebleau	1
Meaux	1
Provins	1

11. SEINE-ET-OISE.

Villes	Nombre
Versailles	2
Corbeil	1
Etampes	1
Mantes	1
Pontoise	1

12. YONNE.

Villes	Nombre
Auxerre	1
Avallon	1

Joigny

Joigny 1
Villeneuve sur-Yonne. 1
Sens 1
Tonnerre. 1

Seconde division.

ROUEN, chef lieu.

1. CALVADOS (le).

Caen. 3
Bayeux. 1
Falaise 1
Lisieux. 1
Pont-l'Evêque 1
Honfleur 1
Vire 1

2. EURE (l').

Evreux 1
Andelys (les) 1
Bernay 1
Louviers 1
Pont-Audemer 1

3. MANCHE (la).

Saint-Lô 1
Avranches 1
Coutances 1
Mortain 1
Valogne. 1

4. ORNE.

Alençon 1
Argentan 1
Domfront 1
Mortagne 1
Séez 1

5. PAS-DE-CALAIS.

Arras 2
Béthune 1
Boulogne-sur-Mer. 1
Calais. 1
Montreuil-sur-Mer 1
Saint-Omer. 2
Saint-Pol 1

6. SEINE-INFÉRIEURE.

Rouen 6
Dieppe 1
Elbœuf. 1
Fécamp. 1
Le Hâvre 1
Neufchâtel 1
Yvetot. 1

7. SOMME.

Amiens. 2
Abbeville. 1
Doullens. 1
Montdidier. 1
Péronne 1

Troisième division.

RENNES, chef-lieu.

1. COTES-DU-NORD.

Saint-Brieux 1
Dinan 1
Guingamp. 1
Lannion. 1
Loudéac. 1

2. FINISTÈRE (le).

Quimper 1
Brest 2
Château-Lin 1
Morlaix 1
Quimperlé. 1

3. ILLE-ET-VILAINE.

Rennes 4
Fougères. 1
Montfort. 1
Rhédon 1
Saint-Malo 1
Saint-Servan 1
Vitré 1

4. INDRE-ET-LOIRE.

Tours 2
Chinon. 1
Loches. 1

5. LOIRE-INFÉRIEURE.

Nantes 4
Ancenis 1
Château-Briant 1
Savenay 1

6. MAINE-ET-LOIRE.

Angers 2
Baugé. 1
Beaupréau 1
Saumur 1

7. MAYENNE.

Laval 1
Château-Gontbier 1
Mayenne 1

8. MORBIHAN (le).

Vannes. 1
L'Orient 1
Napoléon-Ville 1
Ploermel 1

9. SARTHE (la).

Le Mans. 2
La Flèche. 1
Mamers 1
Saint-Calais. 1

Quatrième division.

CHATEAU-ROUX, chef-lieu.

1. ALLIER.

Moulins. 1
Gannat. 1
La Palisse 1
Montluçon 1

2. CANTAL (le).

Aurillac. 1
Mauriac. 1
Murat. 1
S. Flour 1

3. CHER (le).

Bourges 1
S. Amand 1

Sancerre.............. 1
Vierzon.............. 1

4. CORRÈZE (la).

Tulle.............. 1
Brives.............. 1
Ussel.............. 1

5. CREUSE.

Gueret.............. 1
Aubusson.............. 1
Bourganeuf.............. 1
Boussac.............. 1

6. INDRE.

Châteauroux.............. 1
Issoudun.............. 1
Le Blanc.............. 1
La Châtre.............. 1

7. LOIRE (Haute).

Le Puy.............. 1
Brioude.............. 1
Yssengeaux.............. 1

8. PUY-DE-DOME.

Clermont-Ferrand..... 2
Ambert.............. 1
Issoire.............. 1
Riom.............. 2
Thiers.............. 1

9. VIENNE (Haute).

Limoges.............. 1
Bellac.............. 1
Rochechouart.............. 1
Saint-Yrieyx.............. 1

Cinquième Division.

BORDEAUX, chef-lieu.

1. CHARENTE (la).

Angoulême.............. 1
Barbezieux.............. 1
Cognac.............. 1
Confolens.............. 1
Ruffec.............. 1

2. CHARENTE INF. (la).

La Rochelle.............. 2
Jonzac.............. 1
Marennes.............. 1
Rochefort.............. 1
Saintes.............. 1
Saint-Jean-d'Angély... 1
Saint-Martin-de-Rhé... 1

3. DORDOGNE (la).

Périgueux.............. 1
Bergerac.............. 1
Nontron.............. 1
Riberac.............. 1
Sarlat.............. 1

4. GIRONDE.

Bordeaux.............. 8
Bazas.............. 1
Blaye.............. 1
Lesparre.............. 1
Libourne.............. 1
Réole (la).............. 1

5. SÈVRES (Deux).

Niort.............. 1
Bressuire.............. 1
Mesle.............. 1
Parthenay.............. 1

6. VENDÉE (la).

Napoléon.............. 1
Fontenay.............. 1
Les Sables-d'Olonne... 1
Montaigu.............. 1

7. VIENNE (la).

Poitiers.............. 2
Châtellerault.............. 1
Civray.............. 1
London.............. 1
Montmorillon.............. 1

Sixième Division.

TOULOUSE, chef-lieu.

1. ARRIÈGE (l').

Foix.............. 1
Pamiers.............. 1
Saint-Girons.............. 1

2. GARONNE (Haute).

Toulouse.............. 4
Saint-Gaudens.............. 1
Villefranche.............. 1

3. GERS (le).

Auch.............. 1
Condom.............. 1
Lectoure.............. 1
Lombez.............. 1
Mirande.............. 1

4. LANDES (les).

Mont-de-Marsan (le). 1
Dax.............. 1
Saint-Sever.............. 1

5. LOT (le).

Cahors.............. 1
Figeac.............. 1
Gourdon.............. 1

6. LOT-ET-GARONNE.

Agen.............. 1
Marmande.............. 1
Nérac.............. 1
Villeneuve-d'Agen.... 1

7. PYRÉNÉES (Basses).

Pau.................. 1
Bayonne............. 2
Mauléon............. 1
Oleron.............. 1
Orthez.............. 1

8. PYRÉNÉES (Hautes).

Tarbes.............. 1
Lourdes............. 1
Bagnères-de-Bigorre... 1

Septième Division.

MENDE, chef-lieu.

1. AUDE (l')

Carcassonne......... 1
Castelnaudary....... 1
Limoux.............. 1
Narbonne............ 1

2. AVEYRON (l')

Rhodès.............. 1
Erpalion............ 1
Saint-Afrique....... 1
Villefranche........ 1

3. GARD (le).

Nismes.............. 3
Alais............... 1
Beaucaire........... 1
Pont-Saint-Esprit (le). 1
Vigan (le).......... 1
Uzès................ 1

4. HÉRAULT (l').

Montpellier......... 4
Béziers............. 1
Lodève.............. 1
St.-Pons-de-Tenières.. 1

5. LOZÈRE (la).

Mende............... 1
Florac.............. 1
Marvejols........... 1

6. PYRÉNÉES-ORIENT.

Perpignan........... 1
Ceret............... 1
Prades.............. 1

7. TARN (le).

Alby................ 1
Castres............. 1
Gaillac............. 1
Lavaur.............. 1

8. TARN-ET-GARONNE.

Montauban........... 2
Moissac............. 1
Castel-Sarrazin..... 1

Huitième Division.

BRIANÇON, chef-lieu.

1. ALPES (Basses).

Digne............... 1
Barcelonette........ 1
Castelanne.......... 1
Forcalquier......... 1
Sisteron............ 1

2. ALPES (Hautes).

Gap................. 1
Briançon............ 1

3. ALPES MARITIMES.

Nice................ 2
Puget-Pénières...... 1
San-Remo............ 1

4 BOUCHES-DU-RHONE.

Marseille........... 8
Aix................. 2
Tarascon............ 1

5. MONT-BLANC (le).

Chambéry............ 1
Annecy.............. 1
Moutiers............ 1
S.-Jean-de-Maurienne. 1

6. VAR (le).

Draguignan.......... 1
Brignolles.......... 1
Grasse.............. 1
Toulon.............. 2

7. VAUCLUSE.

Avignon............. 3
Apt................. 1
Carpentras.......... 1
Orange.............. 1

Neuvième Division.

VALENCE, chef-lieu.

1. AIN (l').

Bourg............... 1
Belley.............. 1
Nantua.............. 1
Trévoux............. 1

2. ARDÈCHE.

Privas.............. 1
L'Argentière........ 1
Tournon............. 1

3. DROME (la).

Valence............. 1
Romans.............. 1
Die................. 1

Montélimart.......... 1
Nyons............... 1

4. ISÈRE (l').

Grenoble............. 2
Saint-Marcellin....... 1
La Tour-du-Pin....... 1
Vienne.............. 1

5. LOIRE (la).

Montbrison........... 1
Roanne.............. 1
Saint-Étienne......... 1

6. RHONE (le).

Lyon................ 10
Villefranche.......... 1

Dixième Division.

BESANÇON, chef-lieu.

1. LA COTE-D'OR.

Dijon............... 2
Beaune.............. 1
Châtillon-sur-Seine.... 1
Semur............... 1

2. DOUBS (le).

Besançon............ 3
Baume-les-Dames..... 1
Pontarlier............ 1
Saint-Hyppolite....... 1

3. JURA (le).

Lons-le-Saulnier....... 1
Dôle................ 1
Poligny.............. 1
Saint-Claude.......... 1

4. MARNE (Haute).

Chaumont............ 1
Langres............. 1
Vassy............... 1

5. NIÈVRE (la).

Nevers.............. 1
Château-Chinon....... 1
Clamecy............. 1
Cosne............... 1

6. SAONE (Haute).

Vesoul.............. 1
Gray................ 1
Lure................ 1

7. SAONE ET LOIRE.

Mâcon............... 2
Autun............... 1
Châlon-sur-Saône..... 1
Charolles............ 1
Louhans............. 1

8. VOSGES (les).

Épinal............... 1
Mirecourt........... 1
Neufchâteau.......... 1
Remiremont.......... 1
Saint-Dié............ 1

Onzième Division.

METZ, chef-lieu.

1. ARDENNES (les).

Mézières............. 1
Charleville........... 1
Rocroy.............. 1
Sedan............... 1

2. FORÊTS (les).

Luxembourg.......... 1
Betibourg............ 1
Dickerick............ 1
Neufchâteau.......... 1

3. LÉMAN (le).

Genève.............. 3
Bonneville........... 1
Thonon.............. 1

4. MEURTHE (la).

Nancy............... 2
Pont-à-Mousson....... 1
Château-Salins........ 1
Lunéville............. 1
Sarrebourg........... 1
Toul................ 1

5. MEUSE.

Bar-sur-Ornain........ 1
Commercy............ 1
Montmédy........... 1
Verdun.............. 1

6. MONT-TONNERRE.

Mayence............. 2
Deux-Ponts........... 1
Kaisers-Lautern........ 1
Spire................ 1
Worms.............. 1

7. MOSELLE (la).

Metz................ 2
Sarreguemines......... 1
Thionville............ 1

8. OURTHE (l')

Liège............... 3
Huy................. 1

Malmedy............. 1
Verviers.............. 1

9. RHIN (Bas).

Strasbourg.......... 4
Saverne............... 1
Schelestat............ 1
Wissembourg.......... 1

10. RHIN (Haut).

Colmar................ 1
Altkirck.............. 1
Belfort............... 1
Montbéliard.......... 1
Porentruy............. 1

11. SAMBRE ET MEUSE.

Namur 2
Dinant 1
Marche............... 1
Saint-Hubert 1

Douzième Division.

BRUXELLES, chef-lieu.

1. BOUCHES-DU-RHIN (les).

Bois-le-Duc........... 1
o.........................
o.........................

2. BOUCHES DE L'ESCAUT (les).

o.........................
o.........................
o.........................

3. DYLE (la).

Bruxelles............. 6
Louvain............... 2
Nivelles.............. 1
Tirlemont............. 1

4. ESCAUT (l').

Gand................. 4
Alost................. 1
Ecloo................. 1

Flessingue............ 1
Lokeren............... 1
Saint-Nicolas.......... 1
Termonde............. 1

5. JEMMAPES.

Mons.................. 2
Charleroy............. 1
Tournay............... 2

6. LYS (la).

Bruges................ 3
Courtray.............. 1
Furnes................ 1
Menin................. 1
Poperinghe............ 1
Ypres................. 1

7. MEUSE-INFÉRIEURE

Maëstricht............ 2
Hasselt............... 1
Ruremonde............ 1
Saint-Trondt.......... 1

8. NÈTHES (Deux).

Anvers................ 4
Lierre................ 1
Malines 2
Turnhoult............. 1

9. RHIN-ET-MOSELLE.

Coblentz..................
Bonn.................. 1
Zimmernn.............. 1

10. ROER (la).

Aix-la-Chapelle....... 3
Clèves................ 1
Cologne............... 2
Crevelt............... 1
Juliers............... 1

11. SARRE (la).

Trèves................ 1
Birkenfeld............ 1
Prum.................. 1
Sarrebruck............ 1

Treizième Division.

L'ILE-DE-CORSE.

1. GOLO (le).

Bastia................ 1
Calvi................. 1
Corté................. 1

2. LIAMONE.

Ajaccio............... 1
Sartène............... 1
Vico.................. 1

3. L'ILE-D'ELBE.

Porto-Ferrajo......... 1

Quatorzième Division.

TURIN, chef-lieu.

1. DOIRE (la).
2. MARENGO.
3. PO (le).
4. SEZIA (la).
5. STURA (la).

Quinzième Division.

GÊNES, chef-lieu.

1. APENNINS (les).
2. GÊNES.
3. MONTENOTTE.
4. TARO (le).

Seizième Division.

FLORENCE, chef-lieu.

1. ARNO (l').
2. MÉDITERRANÉE (la)
3. OMBRONE.

Dix-septième Division.

ROME, chef-lieu,

1. TIBRE (le).
2. TRASIMÈNE.

269. Les imprimeurs des divisions de Turin, de Gênes, de Florence et de Rome, sont et demeurent provisoirement conservés jusqu'à l'avis ultérieur du Gouverneur général du département au-delà des Alpes, de la grande Duchesse de Toscane, du Gouverneur de l'Etat Romain, d'après le rapport des préfets des départemens dans ces diverses divisions.

SECTION SECONDE.

Formalités exigées des Imprimeurs conservés.

270. Les imprimeurs ne peuvent être conservés dans l'exercice de leur profession, conformément aux articles 1, 5 et 9 du décret du 5 février 1810, qu'en vertu d'un brevet soumis à l'approbation du ministre de l'intérieur et délivré par le directeur général. (Art. 1, 5 et 9, décret du 5 février 1810).

271 Tout porteur d'un semblable brevet est tenu, dans la huitaine du jour qu'il l'a reçu, de se présenter devant le tribunal civil de son arrondissement pour y faire enregistrer ce brevet et prêter le serment de fidélité à S. M. l'Empereur, et de ne rien imprimer de contraire aux devoirs des sujets envers le Souverain, à l'intérêt de l'État et aux bonnes mœurs. (Art. 5 et 9, même décret).

Le président du tribunal civil, ou un juge en son absence, fait mention sur le brevet même, de son enregistrement et de la prestation du serment.

272. Toute imprimerie clandestine est susceptible de saisie et de confiscation, et le propriétaire passible d'amende et de prison.

SECTION TROISIÈME.

Des formalités et conditions exigées pour être aspirant à l'exercice de la profession d'Imprimeur Titulaire; et des aspirans, pour être reçus et reconnus comme Imprimeurs Titulaires.

§ Ier.

Dispositions préliminaires.

273. Pour devenir imprimeur titulaire, par vente, cession, trans-

mission, succession, ou par la voie du concours, il faut avoir vingt-un ans accomplis ; il faut aussi être

Ou fils d'un titulaire, et pouvoir justifier de deux ans de travail comme ouvrier compagnon ;

Ou prote, et être depuis cinq ans en exercice ;

Ou actuellement aspirant ;

Enfin avoir subi les examens prescrits par le Réglement. (Ancien code, art. 21, 28, 43 et 44... Art. 7, décret du 5 février 1810).

§ II.

Conditions exigées pour être admis à la qualité d'aspirant à la profession d'Imprimeur Titulaire.

274. Nul ne peut être admis et inscrit comme aspirant qu'il n'ait remis à l'inspecteur divisionnaire du ressort

1°. Son acte de naissance légalisé

2°. Son brevet d'apprentissage. (Ancien code, art. 48.).

3°. Le certificat qui constate que le temps d'apprentissage et les conditions du brevet ont été remplis.

4°. Le certificat de deux années de travail comme ouvrier.

5°. Le certificat qui reconnoisse, d'après l'examen subi à cet effet, que celui qui se présente pour être aspirant, sait la langue française par principes, le latin, et lire le grec.

6°. Un certificat de bonne conduite de ceux chez lesquels il a travaillé et demeuré. (Ancien code 28 et 45... Art. 8 du décret précité).

Toutes ces pièces doivent être légalisées par les autorités compétentes.

275. Les années fixées pour l'apprentissage et le compagnonage doivent avoir été passées consécutivement, sans aucuns intervalle et interruption : les certificats doivent en faire la mention expresse. (Ancien code, art. 21, 28.).

276. L'inspecteur divisionnaire admet comme aspirant, et inscrit sur le registre timbré à ce destiné, celui dont il a trouvé les papiers en règle : il lui délivre copie de l'inscription après lui en avoir fait signer la minute sur le registre.

277. L'inscription au registre est ainsi conçue :

Aujourd'hui s'est présenté devant Nous, N. inspecteur de la division pour l'imprimerie et la librairie, N. lequel, pour satisfaire aux dispositions des art. 274 et 276 du Réglement, Nous a requis de l'admettre comme aspirant à l'exercice d'imprimeur titulaire, et de l'inscrire, en cette qualité, sur le registre à ce destiné ;

Et pour justifier de sa capacité, ledit N. Nous a remis les actes ci-après, tels qu'ils sont exigés par l'art. 274 ci-dessus ; 1°. 2°. 3°. 4°. 5°. 6°. (détailler toutes les pièces que les fils d'imprimeurs, les protes et apprentis ont produites, suivant qu'ils y sont tenus), pour justifier de leur capacité à être admis au nombre des aspirans à l'exercice de l'état d'imprimeur titulaire.

Après les avoir examinées, Nous les avons reconnues valables et en règle, en conséquence Nous avons admis ledit N. à la qualité d'aspirant à l'exercice de l'état d'imprimeur titulaire, et l'avons inscrit en cette qualité sur le registre à ce destiné, f°. (recto ou verso), n°. et avons remis copie de ladite inscription audit N. qui le reconnoît, et a signé avec nous tant cette minute que la copie. Fait à les jour et an que dessus. (Ici la signature de l'aspirant et celle de l'inspecteur divisionnaire.)

78. Cet acte est sujet à l'enregistrement au bureau de l'arrondissement de l'inspecteur divisionnaire, et doit être fait dans les trois jours de sa date.

279. A défaut de cette formalité de rigueur, et du visa de l'enregistrement par l'inspecteur divisionnaire, l'acte est nul et censé comme non avenu.

280. Les fils d'imprimeurs titulaires, ayant travaillé deux ans comme ouvriers-compagnons, et les protes, ayant cinq années révolues d'exercice, sont dispensés de produire le certificat d'aprentissage. (A. C. art. 44, 46).

281. Ils peuvent alors demander leurs admission et inscription comme aspirans en produisant le certificat de leur tems d'exercice, comme il est dit en l'art. 280 ci-dessus, et celui qui constate qu'ils savent la langue française par principes, qu'ils ont une connoissance suffisante du latin, et qu'ils savent lire le grec.

283. Cependant, et nonobstant l'admission et l'inscription de ces aspirans, nul autre que le fils aspirant d'un titulaire décédé ou démissionnaire en sa faveur, ne pourra être admis à l'exercice de la profession d'imprimeur que tous les imprimeurs non conservés et actuellement sans exercice, ne soient placés. La préférence leur est exclusivement assurée, pourvu, toutefois

toutefois, qu'ils justifient d'une capacité suffisante, et qu'ils ne se soient rendus coupables d'aucun délit relatif à leur profession ; qu'enfin il n'y ait rien à leur reprocher de contraire à la probité. (Art. 8. D. du 5 février 1810.)

§ III.

Conditions exigées pour être admis à l'examen définitif nécessaire pour parvenir à l'exercice de la profession d'Imprimeur Titulaire.

284. Nul ne peut être admis à l'examen définitif, nécessaire pour devenir imprimeur titulaire, qu'il ne justifie auparavant de sa qualité d'aspirant, par son acte d'inscription au registre des aspirans, conformément aux dispositions de l'art. 378.

285. Est seulement excepté le fils du titulaire, âgé de 21 ans, ayant les qualités requises pour être aspirant, et dont le père est décédé sans laisser de veuve. Il lui suffit de présenter requête au directeur général pour obtenir, d'abord, son inscription d'aspirant, afin d'être ensuite admis à l'examen.

286. L'imprimerie est gérée *provisoirement* par lui, si le sous-préfet, le préfet de son département et l'inspecteur divisionnaire l'y autorisent ; et s'il y a refus, par un gérant reconnu capable et nommé par un tribunal de famille ; cette gestion doit durer jusqu'à ce que le fils de famille ait acquis la capacité nécessaire, et qu'il soit admis comme imprimeur titulaire, après avoir subi l'examen prescrit par le réglement. L'acte de nomination du gérant est soumis à l'approbation du directeur général par l'inspecteur divisionnaire avec son avis motivé.

§ IV.

De l'admission à l'examen définitif.

287. L'aspirant fils du titulaire décédé ou démissionnaire, ou son successeur, quand il a obtenu du directeur général la permission de traiter, d'après l'exposé de motifs reconnus suffisans par l'inspecteur di-

visionnaire, remet à celui-ci à une requête, tendant à obtenir son admission à l'examen définitif. (Ancien code 46.)

Cette requête est transmise par l'inspecteur divisionnaire au directeur général avec 1°. un certificat de bonnes vie et mœurs signé de quatre personnes connues domiciliées et bien famées, produit par l'aspirant, et son avis motivé. (Art. 7, décret du 5 février 1810). 2°. Le procès-verbal qui constate que l'imprimerie, au titre de laquelle il succède, est complète; ou, dans le cas contraire, qu'il a le moyen de la compléter. (Ancien code, art. 51 et 53).

288. Lorsque la requête est répondue affirmativement, l'inspecteur divisionnaire fait procéder à l'examen dans les formes indiquées et prescrites par le réglement.

289. Est mise au concours par le directeur général, sur l'avis de l'inspecteur divisionnaire, toute place d'imprimeur titulaire vacante par décès, démission ou destitution, lorsque le titulaire n'a pas d'enfans ayant la volonté ou la capacité de lui succéder, ou dont le successeur n'auroit pas été agréé.

§ V.

De l'examen définitif pour obtenir le brevet d'Imprimeur Titulaire.

290. Comme il est important que ceux qui veulent exercer la profession d'imprimeur soient pourvus d'une capacité et d'une expérience suffisantes, tous les aspirans, sans exception, doivent subir un examen par lequel ils puissent justifier de leurs connaissances théoriques, et de leur capacité dans l'art de l'imprimerie. (Ancien code 44).

291. Le brevet d'imprimeur titulaire n'est délivré à un aspirant qu'autant qu'il a été reconnu capable d'exercer la profession par le résultat de l'examen. (Ancien code, art. 45).

§ VI.

Du mode de procéder à l'examen que doit subir celui qui veut être admis et inscrit comme aspirant, à l'effet de constater qu'il sait la langue française par principes, qu'il a une suffisante connoissance du latin et qu'il sait lire le grec.

292. Tout fils d'imprimeur, prote ou ouvrier qui veut être admis et inscrit comme aspirant est tenu (conformément aux dispositions de l'art. 250) de subir un examen dont le résultat est de constater qu'il sait la langue française par principes, qu'il a du latin une connaissance suffisante, et qu'il sait lire le grec. (Ancien code, art. 20).

293. Lorsqu'après avoir rempli les formalités exigées par les articles 274 à 280, il est admis à l'examen, l'inspecteur divisionnaire du ressort adresse soit au recteur, soit à l'un des professeurs de l'académie, soit au proviseur de l'un des lycées du ressort, une commission pour procéder à l'examen du candidat.

294. L'aspirant est présenté au professeur chargé de l'examen, par le délégué de l'inspecteur divisionnaire, capable de bien en juger la régularité.

295. Le professeur remet un livre latin en lui indiquant le fragment qu'il doit traduire. Cette première partie de l'examen terminée, le professeur remet à l'aspirant un livre grec dont il doit lire la page indiquée. (Ancien code, art. 20). Après cette seconde partie de l'examen, le professeur interroge l'aspirant sur quelque partie de la langue française et lui fait écrire sous sa dictée un passage assez long et suffisant pour juger s'il écrit sa langue correctement.

296. L'examen terminé, le professeur rédige le procès-verbal de son résultat qu'il remet au délégué de l'inspecteur divisionnaire.

297. Le candidat ne peut être admis et inscrit comme aspirant, qu'autant que le résultat du procès-verbal lui est favorable.

298. Le candidat, déclaré non suffisamment instruit, ne peut se présenter à l'examen qu'une seconde fois, et après une année d'intervalle,

299. Le professeur a le droit d'exiger et de recevoir du candidat quatre jetons d'argent de la valeur de 5 francs chacun ; et le délégué de l'inspecteur divisionnaire trois.

300. L'art. 295, en ce qui concerne l'examen relatif à la connaissance du latin et à la lecture du grec, n'aura d'exécution qu'au premier janvier 1816.

§ VII.

Du mode de procéder à l'examen définitif sans lequel le brevet d'Imprimeur Titulaire ne peut être délivré.

301. Aussitôt que le permis de procéder à un examen a été adressé par le directeur général à l'inspecteur divisionnaire, celui-ci en prévient l'aspirant afin de se préparer à le subir au jour indiqué, et nomme le juri qui doit y procéder. A Paris, il ne se fait remplacer que pour les examens soutenus hors du département de la Seine. (Ancien code, art. 44).

302. Ce juri est composé, pour les départemens, de trois imprimeurs, dont le premier est nommé par l'inspecteur divisionnaire, le second par l'aspirant, et le troisième par les deux premiers ; à Paris, le Juri est composé de cinq imprimeurs ; l'auditeur inspecteur divisionnaire et l'aspirant nomment chacun un des examinateurs ; ces deux premiers désignent les deux autres ; et les quatre réunis élisent le cinquième.

303. L'inspecteur divisionnaire assiste à l'examen en personne ou par délégué.

304. Il indique le jour, l'heure et l'imprimerie où l'examen doit avoir lieu. (Ancien code, art. 44).

305. Au jour et heure indiqués, l'aspirant, les imprimeurs examinateurs, l'inspecteur divisionnaire ou son délégué, se rendent à l'imprimerie désignée dans laquelle il est, de suite et sans interruption, procédé à l'examen de l'aspirant.

306. L'aspirant, d'après la réquisition des examinateurs, doit distribuer, composer, mettre en pages, imposer, mettre une forme en train, en faire le registre, enfin procéder à toutes les opérations typographiques

qui peuvent être exigées de lui, et répondre à toutes les questions qui lui seront adressées, relatives soit à la profession, soit à la connaissance du réglement.

307. L'examen terminé, l'aspirant se retire, et les trois examinateurs, en la présence de l'inspecteur divisionnaire ou de son délégué, prononcent sur la capacité ou l'incapacité de l'aspirant. Il est dressé, par le plus jeune des examinateurs, procès-verbal du résultat de l'examen; l'avis motivé de chacun des examinateurs y est relaté.

308. Ce procès-verbal est remis à l'inspecteur divisionnaire, qui en fait connoître le résultat à l'aspirant.

309. Lorsque le résultat du procès-verbal d'examen lui est favorable, et que les renseignemens pris sur lui sont avantageux, l'inspecteur divisionnaire envoie à la direction générale ce procès-verbal avec toutes les pièces accessoires et son rapport dont la conclusion est la demande du brevet d'admission.

310. Lorsque, par le résultat du procès-verbal d'examen, l'aspirant est déclaré incapable, il peut, après l'intervalle d'une année, se pourvoir pour être examiné de nouveau; mais ce nouvel examen ne peut jamais être ordonné, par le directeur général, qu'autant qu'il n'y a rien à reprocher à l'aspirant relativement aux mœurs et à la probité. Pendant cette année, l'imprimerie est gérée provisoirement conformément aux dispositions de l'art. 286.

311. Ce second examen, quand il est défavorable à l'aspirant, devient définitif et il ne peut plus être admis à un nouvel examen, à moins que le directeur général n'en n'ait décidé autrement, d'après diverses circonstances et considérations particulières, ou des motifs qu'il aura jugés valables.

312. L'examen alors, de l'ordre du directeur général, a lieu dans une autre division, devant l'inspecteur en personne, ou même à Paris devant l'auditeur-inspecteur, ou par devant lui, s'il le juge à propos. Le nombre des examinateurs est porté à cinq au lieu de trois. Il est procédé à leur nomination, ainsi qu'il est indiqué en l'art. 302. La décision de ce juri est définitive et sans aucun autre recours.

313. Les procès-verbaux, dans les circonstances prévues aux articles 308, 311 et 313, sont rédigés par le plus jeune des examinateurs.

§ VIII.

Du concours des places vacantes.

314. Le maire de la ville ou le sous-préfet de l'arrondissement fait apposer les scellés sur l'imprimerie du titulaire décédé, célibataire ou veuf sans enfans; de la veuve décédée sans enfans; du titulaire destitué, dont le fils ou le successeur ne serait pas agréé.

315. Si le bien du service public l'exige, l'imprimerie est administrée provisoirement et jusqu'au remplacement du titulaire décédé ou destitué, par un gérant nommé par le sous-préfet au compte de la succession du décédé, ou à celui du destitué, s'il y a lieu.

316. Copie du procès-verbal d'apposition des scellés, ou l'acte de nomination du gérant, est envoyée sans délai à l'inspecteur divisionnaire, pour la transmettre au directeur général avec son rapport en demande d'un concours pour la place vacante.

317. L'inspecteur divisionnaire annonce le concours lorsqu'il en a reçu l'ordre du directeur général. Il indique l'ouverture, deux mois après, dans la ville qu'il a désignée.

318. Dans l'intervalle tous les aspirans qui veulent concourir se font inscrire chez l'inspecteur divisionnaire et produisent tous les actes qui les constituent capables de concourir.

319. Sont admis à concourir tous les aspirans qui se sont fait inscrire, avant l'ouverture du concours, chez l'inspecteur divisionnaire dans le ressort duquel la place est vacante, après avoir déposé les pièces ci-après:

1°. Leur acte de naissance.
2°. L'acte d'inscription d'aspirant.
3°. Le certificat de bonnes vie et mœurs, signé de quatre personnes connues et d'une bonne réputation. Le maire de la résidence de l'aspirant doit viser ce certificat et attester que les personnes si-

gnataires lui sont parfaitement connues comme domiciliées et bien famées; et, en outre, qu'il n'a rien appris de désavantageux sur le compte de cet aspirant. La signature du maire doit être légalisée par le préfet du département, si le concours a lieu dans un autre département, et par l'inspecteur divisionnaire pour une autre division.

320. La liste des concurrens est fermée vingt jours avant l'ouverture du concours, et envoyée dans les 24 heures du jour de la clôture, au directeur général, par l'inspecteur divisionnaire. Il y joint son avis particulier sur chacun des concurrens d'après les renseignemens qu'il a dû se procurer.

321. L'inspecteur divisionnaire fait afficher la liste approuvée par le directeur général, dès qu'elle lui est parvenue, fixe le jour de l'ouverture du concours, et y admet tous les aspirans inscrits sur la liste.

322. Tous les aspirans admis se rendent au jour indiqué au lieu désigné, à l'effet d'y subir l'examen de leurs connoissances théoriques dans l'imprimerie, et de leur capacité dans la pratique de cet art.

323. Les aspirans sont examinés par un juri spécial composé de cinq imprimeurs nommés et convoqués par l'inspecteur divisionnaire.

324. A Paris, le juri est de sept imprimeurs, nommés et convoqués par le directeur général, et présidé par lui-même quand il le juge à propos, ou, en son absence, par l'auditeur faisant les fonctions d'inspecteur divisionnaire.

325. Le juri est nommé ainsi qu'il suit : l'inspecteur nomme un examinateur quand le juri est composé de cinq, et deux quand il est de sept; un ou deux examinateurs, suivant leur nombre, sont nommés parmi les aspirans; qu'ils choisissent parmi eux, et au scrutin, celui qui fera la nomination. Les examinateurs déjà désignés s'adjoignent les deux autres, et tous réunis élisent le cinquième ou le septième.

326. Dans toute autre ville que le chef-lieu de la division, quand l'inspecteur divisionnaire aura jugé à propos de le permettre, l'examen peut être présidé par son délégué. Le juri est composé de trois membres nommés conformément à l'art. 302.

327. Chaque examen se fait en présence de tous les autres aspirans ; mais il n'est donné connaissance à aucun d'eux de la déclaration du juri : ils ne peuvent être instruits du résultat du concours que par la nomination de celui qui a réuni les suffrages.

328. Il est fait autant de procès-verbaux qu'il y a de concurrens. Ces procès-verbaux doivent contenir l'avis motivé de chacun des examinateurs sur chacun des aspirans.

329. Lorsque tous les procès-verbaux d'examen sont terminés, clos, arrêtés et signés, les examinateurs se réunissent sous la présidence de l'inspecteur divisionnaire ou de son délégué, à l'endroit par lui désigné, pour déclarer lequel, des concurrens, leur paroît le plus digne de la place, et dresser procès-verbal de leur déclaration. Le procès-verbal est rédigé par le plus jeune des examinateurs.

330. Les examinateurs déclarent aussi l'égalité de capacité quand elle a lieu à l'égard de deux ou plusieurs concurrens.

331. Le procès verbal est envoyé au directeur général pour la délivrance du brevet à l'aspirant déclaré le plus capable ; ou pour choisir parmi les aspirans déclarés les plus dignes, à mérite égal, celui qui réunit pour lui le plus de circonstances favorables. A mérite égal, la préférence est due au fils du titulaire dépossédé de la place de son père, pour causes qui lui sont étrangères, sur le concurrent qui n'est pas fils d'imprimeur titulaire ; à celui qui a fait une ou plusieurs campagnes sur l'aspirant qui n'a pas servi ; au père de famille sur celui qui n'a pas d'enfans ; à l'homme marié sur le célibataire ; au natif ou domicilié dans le département où la place est vacante, sur l'aspirant étranger à ce département ; à l'imprimeur titulaire, déjà en exercice et voulant changer de résidence, sur tous les autres concurrens ; mais alors la place qu'il quitte, n'est ni cessible, ni transmissible, pas même à l'un de ses enfans. Celui déclaré le plus digne après lui, a droit à cette dernière place vacante, à moins que le directeur général ne juge à propos d'ouvrir pour cette place un concours : enfin, et par dessus toute autre considération, une réputation intacte, une probité reconnue assure à tout candidat une préférence exclusive sur tous ceux en faveur desquels les témoignages, à cet égard, ne

seroient

roient pas aussi concluans. Le directeur général, seul, est le juge des causes valables de cette préférence.

332. Le brevet, approuvé par le ministre de l'intérieur, est délivré à celui que le directeur général a choisi.

§ IX.

Droits d'examen par chacun des aspirans.

333. Il est dû par chaque aspirant un droit d'examen, tel qu'il est ci-après fixé, en jetons d'argent de la valeur de cinq francs, chacun; et en outre dix francs destinés au soulagement des ouvriers infirmes, âgés, hors d'état de travailler, et pour les enfans d'ouvriers.

N°. I. *Examen ordinaire dans la division de Paris.*

Dans Paris :

	jetons.
Au Directeur général, quand il juge à propos de présider en personne.	12
En son absence à l'Auditeur-Inspecteur divisionnaire	9
A chacun des cinq examinateurs	5

Hors Paris :

A l'Auditeur-Inspecteur	9
A son délégué en son absence	6
A chacun des trois examinateurs	4

N°. II. *Examen dans les autres divisions.*

A l'Inspecteur divisionnaire	7
A son délégué en son absence	5
A chacun des trois examinateurs	4

N°. III. *Examen prévu par l'article* 313.

A l'inspecteur divisionnaire	7
A chacun des cinq examinateurs	4

N°. IV. *Examen par concours.*

Division de Paris, les mêmes droits qu'au N°. I, en ajoutant les droits de deux examinateurs de plus.

Dans les autres divisions : les mêmes droits qu'au N°. III.

334. Les droits d'examen pour chacun de ceux qui président le concours et pour les examinateurs sont les mêmes que pour le concours simple.

§ X.

Du mode d'admission à l'exercice de la profession d'Imprimeur Titulaire.

335. Le directeur général soumet à l'approbation du ministre de l'intérieur le brevet d'admission de l'aspirant qu'il a nommé imprimeur titulaire, lorsque celui-ci a rempli toutes les formalités prescrites par le réglement, et d'après l'examen des pièces et procès-verbaux qui lui ont été adressés.

336. Ce brevet approuvé est adressé à l'inspecteur divisionnaire pour le délivrer au récipiendaire à la charge,

1°. D'acquitter les droits portés au tarif.

2°. De payer vingt francs destinés au soulagement des ouvriers infirmes, âgés, et hors d'état de travailler, et pour les orphelins enfans d'ouvriers.

3°. De se présenter, dans la huitaine du jour de la remise du brevet, devant le tribunal civil de l'arrondissement, à l'effet d'y prêter serment de fidélité à S. M. l'Empereur et de ne rien imprimer de contraire aux devoirs du sujet envers le Souverain, à l'intérêt de l'État, aux bonnes mœurs et de se conformer en tout à l'observation du réglement qu'il doit déclarer bien connoître.

4°. De faire enregistrer son brevet avec mention de la prestation de son serment.

337. Nul ne peut entrer en exercice de la profession d'imprimeur titulaire, sans ce préalable indispensable dont il doit justifier d'abord à l'autorité locale et à toute réquisition aux autorités compétentes.

Modèle du Brevet d'Imprimeur titulaire.

Sur ce qui Nous a été représenté par le sieur qu'il est âgé de ans, fils d'imprimeur et aspirant, (*ou bien*, qu'il est prote, ayant plus de cinq ans d'exercice), (*ou enfin* qu'il est aspirant); qu'ayant eu le malheur de perdre son père, (*ou bien* que son père s'étant démis en sa faveur), (ou qu'ayant traité avec le sieur de son imprimerie), il a obtenu, des autorités compétentes, la faveur de subir l'examen définitif nécessaire pour parvenir à la place d'imprimeur titulaire, et que par le résultat de l'examen il a été déclaré capable d'exercer la profession d'imprimeur.

(*Si c'est par concours :* Qu'en vertu des ordres de Monsieur le Conseiller d'Etat, Directeur général, en date du la place d'imprimeur vacante a ayant été mise au concours, il a eu le bonheur de réunir les suffrages, pour occuper cette place);

Il espéroit et requéroit de la justice et de la bienveillance de S. E. Monseigneur le Ministre de l'Intérieur, l'approbation nécessaire pour que le brevet d'imprimeur titulaire à lui fût délivré, à l'effet d'exercer ladite profession aux lieu et place du sieur Ladite requête signée N....

Et pour justifier de ce que dessus, l'Exposant a joint à sa requête, 1°. son acte de naissance; 2°. son inscription d'aspirant; 3°. le procès-verbal de l'examen définitif avec l'avis de l'inspecteur divisionnaire; 4°. le certificat de bonnes vie et mœurs, exigé par le réglement.

Vu la requête, ensemble les pièces y annexées, et après avoir entendu le rapport de Monsieur le Comte de l'Empire, Chevalier, Conseiller d'État, et Directeur général de l'imprimerie et de la librairie;

Nous Comte de l'Empire, Grand Officier de la Légion d'Honneur, et Ministre de l'Intérieur, prenant en considération la demande de l'Exposant, l'avons nommé et nommons imprimeur titulaire à pour succéder au sieur et en conséquence Nous ordonnons que le brevet, contenant la nomination dudit sieur signé de Nous, et contresigné par notre secrétaire général, après y avoir fait apposer le sceau de notre ministère, lui soit délivré; à la charge de prêter le serment exigé par la loi, devant le tribunal civil de l'arrendissement de son domicile. (Art. 336 du Réglement. — Art. 9 du décret, et ancien Code, art. 47). Fait à Paris, en l'hôtel du ministère le

Vu et délivré par Nous Comte de l'Empire, Chevalier, Conseiller d'Etat, et Directeur général de l'imprimerie et de la librairie.
A Paris, le

Signé N.....
Par M. le Directeur général,
Signé N....
Secrétaire général.

Signé

Par S. E. Monseigneur le Comte de l'Empire, Grand Officier de la Légion d'Honneur, et Ministre de l'Intérieur,
Signé N....
Secrétaire général.

Reçu pour les droits du présent brevet la somme de

Et celle de vingt francs destinés au soulagement des ouvriers infirmes âgés et hors d'état de travailler, et pour les orphelins enfans d'ouvriers.

Signé N...., caissier comptable de la direction générale.

Pour *visa*, l'auditeur au Conseil d'État chargé de la surveillance de la division,
Signé N....

SECTION QUATRIÈME.

Obligations, devoirs et droits particuliers des Imprimeurs.

338. Chaque imprimeur est obligé d'avoir son domicile dans la maison où son imprimerie est située. L'infraction à cette obligation de rigueur est la fermeture de l'imprimerie jusqu'à ce qu'elle soit remplie. (Ancien code, art. 12).

339. Chaque imprimerie doit être composée de dix sortes de caractères, depuis le gros canon jusqu'à la nompareille, romains et italiques, et être au moins pour Paris, de dix milliers; pour les villes du second ordre, de huit; pour les villes du troisième ordre, de six; pour toutes les autres, au moins de quatre, distribués et divisés de manière que le service des autorités et du public puisse être fait convenablement et sans retard. Le nombre des presses doit être de quatre à Paris, et de deux au moins, dans les départemens, sans y comprendre la presse aux épreuves. (Ancien code, article 51.... Art. 6, décret du 5 février 1810).

340. L'Imprimeur titulaire, visité pour la première fois, remet au visiteur les épreuves des caractères qui composent son imprimerie. Cette épreuve, faite en présence du visiteur et des assistans, est signée par tous. Cette remise n'est d'obligation que pour une seule fois, à moins de nouvelle réquisition.

341. Les imprimeurs, reçus postérieurement au réglement, font au visiteur la remise de cette épreuve dans la première visite qui suit immédiatement leur réception. (Ancien code, art. 51.)

342. Tout imprimeur en exercice est obligé d'avoir et de tenir les registres suivans:

1°. Le registre timbré, coté et paraphé, (conformément aux dispositions de l'art 11 du décret du 5 février 1810), dans lequel sont inscrits jour par jour et par ordre de date, sans lacunes, intervalles, ni blancs, tous les ouvrages *de ville* et *labeurs* destinés à l'impression.

2°. Un registre dit *de banque*, destiné à inscrire toutes les semaines ou les quinzaines, l'ouvrage confectionné dans ses ateliers, avec distinction et rappel du titre des ouvrages et le prix payé à chaque ouvrier.

3°. Un registre d'entrée des ouvriers dans ses ateliers, et de leur sortie.

4°. Un registre destiné à inscrire les articles de papier timbré qu'il peut employer.

Ces registres ne sont point sujets au timbre, mais doivent être cotés par l'imprimeur, et paraphés, savoir, les livres sous les n°s. 2 et 3 par le maire ou le commissaire de police de la résidence et le troisième par le receveur du droit du timbre.

Tous ces registres doivent être tenus de suite et sans blancs, ni lacunes.

343. L'infraction aux dispositions précédentes est punissable par une amende.

344. Tous ces registres, sans exception, doivent être représentés à chaque réquisition de l'autorité compétente, et par tous ceux qui peuvent y avoir intérêt, quand ils y sont autorisés par un jugement contradictoire ou non contesté. (Art. 11, décret du 5 février 1810.).

345. L'inscription de tous les ouvrages est précédé d'un numéro d'ordre. Le nombre d'exemplaires de chacun des ouvrages doit être écrit en toutes lettres et non en chiffres.

346. Le nom de l'auteur d'un ouvrage susceptible d'examen, doit être relaté dans l'inscription, à moins que l'imprimeur ne déclare que cet auteur veut demeurer inconnu. Alors, et jusqu'à ce qu'il l'ait fait connoître, il demeure personnellement garant et responsable des faits de l'auteur, et de toute l'action qui auroit été dirigée contre lui.

347. L'imprimeur doit insérer, dans l'inscription, le nom et la demeure du libraire pour le compte duquel l'ouvrage est imprimé, lorsqu'il y a lieu.

348. Et afin qu'aucun des imprimeurs titulaires ne puisse prétendre de cause d'ignorance ou d'obscurité dans l'interprétation du réglement, chacun d'eux est tenu de se conformer aux modèles d'inscription suivans :

Modèle d'Inscription N°. 1.

Du 18

Pour le compte de M. (inscrire les nom, qualités et demeure de celui qui fait imprimer.)

Pour mon compte (si l'imprimeur est propriétaire de l'ouvrage.)

Ou enfin par M. pour le compte de M. (inscrire les noms, qualités et demeures, tant de celui qui a commandé que de celui qui fait les frais).

L'ouvrage intitulé (inscrire le titre le plus exactement qu'on peut l'obtenir), par M. (désigner avec soin les nom, qualités et demeure de l'auteur, s'il se fait connoître), lequel ouvrage doit être composé de volume in-4°., in-8°., in-12, d'environ pages, etc. (désigner le format, et quand on le peut du moins par approximation, le nombre de pages ou de volumes), et être tiré à exemplaires (écrire le nombre d'exemplaires devant former l'édition en toutes lettres et non en chiffres), sur carré, écu ou couronne (désigner la forme et la qualité du papier fin ou ordinaire).

Pour copie conforme à mon registre. (Chaque inscription doit être toujours ainsi terminée).

Modèle de Déclaration N°. 1.

Je soussigné imprimeur à (désigner le lieu et le département), déclare avoir à imprimer pour le compte de (indiquer pour quel compte), l'ouvrage intitulé : par M. (désigner avec soin les nom, qualités et demeure de l'auteur, s'il se fait connoître), lequel ouvrage doit être composé d'environ (désigner le nombre de pages ou de volumes, par approximation, ainsi que le format), et être tiré à (écrire le nombre en toutes lettres et non en chiffres), sur (désigner le papier qui devra être employé).

Fait à le mil huit cent

Modèle d'Inscription N°. 2.

Du 181

La même, en substituant à ces mots *par M.*, ceux-ci, dont l'auteur veut rester inconnu (si l'auteur se charge de l'impression), ou bien (dont le nom ne m'a pas été déclaré, si celui qui a commandé l'impression ne veut pas le faire connoitre.)

Le reste comme au premier modèle.

La déclaration de même qu'au n°. 1, avec les changemens indiqués par l'inscription.

Modèle d'Inscription N°. 3.

Du 181

Pour le compte de M. (le nom et la demeure de celui qui a commandé.)

Ici le titre de l'ouvrage, affiche, jugement, mémoire, etc. tiré sur carré, écu ou couronne, etc. au nombre de exemplaires (écrire en toutes lettres et non en chiffres, le nombre commandé), et timbrés, si l'objet l'a été. (L'imprimeur n'est obligé ni à l'envoi de cette inscription pour les ouvrages de ville, ni à aucune déclaration.

349. Tous les imprimeurs sont obligés de faire leurs impressions en bons caractères, sur de bon papier et aussi correctement que possible.

Ils sont responsables de toutes les fautes occasionnées par ignorance ou négligence ; et en conséquence passibles, judiciairement, de toute action tendante à la réimpression de toutes feuilles reconnues et jugées fautives ou mal imprimées, sauf leur recours contre les correcteurs d'épreuves qu'ils auroient employés, lorsque ceux-ci sont reconnus comme tels et vivant de cette profession. (Ancien code, art. 20 et 56.).

350. Ils sont également obligés :

1°. De déclarer leurs domiciles ;

2°. De mettre sur la principale porte de ce domicile un écriteau indicatif de leurs nom et profession ;

3°. D'apposer leur nom à tous les ouvrages qu'ils impriment, sans exception, et quelque soit d'ailleurs le titre qu'ils aient le droit d'ajouter à leur nom ;

4°. De placer au bas, ou en regard du titre des ouvrages le nom des libraires, pour le compte desquels ces ouvrages sont imprimés. (Ancien code, art. 9).

351. Il est expressément défendu à tout imprimeur et aux veuves en exercice,

1°. De ne rien imprimer de contraire aux devoirs des sujets envers le Souverain, à l'intérêt de l'État, aux bonnes mœurs. (Ancien Code, art. 99. Décret du 5 fév. 1810, art. 10).

2°. De contrefaire aucuns ouvrages dont la propriété est garantie par le Gouvernement. (Ancien Code, art. 109. Décret du 5 fév. 1810, art. 41) ;

3°. De ne rien imprimer, sans la permission des autorités compétentes et de ceux qui ont droit de faire imprimer sur *un pouvoir particulier* ;

4°. De supposer aucun autre nom d'imprimeur ou de libraire, et de le mettre, au lieu du leur, sur aucun livre, comme aussi d'y apposer la marque ou le chiffre d'aucun autre imprimeur ou libraire, à peine d'être poursuivi et puni comme faussaire ;

5°. De prêter leur nom à qui que ce soit pour tenir imprimerie, à peine de confiscation et d'amende, tant envers celui qui auroit prêté son nom, qu'envers celui qui s'en seroit servi. Et afin que l'article ci-dessus soit strictement observé, les imprimeurs sont obligés de faire graver leur nom sur leurs casses et leurs presses, afin qu'ils soient dans l'impossibilité de les prêter. (Ancien code, art. 52.).

Les casses et presses, non marquées du nom de leurs propriétaires, sont sujettes à saisie et à confiscation (A. C. art. 11.) ;

6°. D'avoir plus d'une imprimerie.

7°. De faire travailler les apprentis et alloués comme ouvriers avant l'expiration du temps de leur apprentissage.

8°. De recevoir aucun ouvrier qui n'est pas porteur de son registre, ou dont le registre n'est pas en règle.

Les contraventions ou délits relatifs à cet article sont punis par l'amende, la prison et les peines portées au code pénal, suivant leur nature et leur gravité.

352. Chaque imprimeur a le droit de prendre et retenir six exemplaires de chaque ouvrage qu'il imprime.

Savoir : Deux pour lui, un pour son prote et trois pour ses ouvriers.

353. Cependant les auteurs ou les libraires ont le droit de retirer ces exemplaires en en payant le prix au taux du commerce. C'est-à-dire, les in-12, un franc 50 centimes le volume; les in-8°., trois francs le volume ; les in-4°., huit francs, le volume ; les in-fol., treize francs, en feuilles.

354. Tous les imprimeurs établis ont le droit de changer de résidence, et de se présenter pour les titres vacans dans toute autre ville de l'Empire, mais sans pouvoir transmettre ou céder celui qu'ils quittent à d'autre qu'à l'aspirant qui a obtenu la pluralité des suffrages dans le concours précédemment ouvert, ou l'agrément du directeur général. Le titre vacant ne peut leur être refusé : le directeur général décide, seul, de la préférence entre les concurrens établis, s'il s'en présente plusieurs ; et l'accorde à celui qui réunit le plus de circonstances en sa faveur d'après les bases établies par l'article 331. (Ancien code, art. 48 et 50).

SECTION CINQUIÈME.

Des veuves d'Imprimeurs.

355. Les veuves des imprimeurs décédés sont habiles à succéder à leurs maris, pourvu qu'elles ne se remarient pas.

356. Lorsque la veuve se remarie, le titre est dévolu de fait et de droit au fils aîné, s'il est en âge d'exercer lui-même, sauf les droits des autres enfans au patrimoine de leur père. (Ancien code, art. 55).

357. Cependant elles peuvent se remarier sans être déchues de leur titre, lorsqu'elles n'ont pas d'enfans, pourvu que ce soit avec un aspirant ou un homme capable d'être admis et inscrit en cette qualité, et de subir les examens prescrits par le réglement.

358. Les enfans mineurs de la veuve qui se remarie sont censés orphelins et les articles 360 et 370 leur deviennent applicables. Le second mari, lors même qu'il seroit capable, ne peut être nommé gérant à moins que les parens paternels, y compris les cousins-germains majeurs, n'y aient unanimement consenti.

359. Une veuve peut présenter au directeur général, par l'intermédiaire de l'inspecteur divisionnaire, une requête tendante à l'admission de son fils âgé de 21 ans accomplis, , pour exercer la profession concurremment et conjointement avec elle.

Le ministre de l'intérieur, sur l'avis motivé de l'inspecteur divisionnaire et le rapport nécessaire du directeur général, peut accorder cette faveur, mais le brevet d'admission ne peut être délivré que toutes les formalités prescrites, et les conditions exigées par le réglement, n'aient été observées.

SECTION SIXIÈME.

Des Enfans d'Imprimeurs, lorsqu'une place devient vacante par le décès du titulaire, le mariage ou le décès de la veuve.

360. Le tuteur des enfans mineurs d'un imprimeur, décédé veuf, ou laissant une veuve qui ne lui survit que peu de temps, ou qui convole en secondes noces, assemble, dans ces deux circonstances, un conseil de

famille présidé par le juge de paix du canton, pour procéder à la nomination d'un gérant de l'imprimerie vacante.

361. Le gérant est nommé à la majorité absolue des voix.

362. Le juge de paix qui n'a point d'objection contre le gérant nommé, dresse procès-verbal de cette nomination et le soumet à l'approbation du sous-préfet.

363. Avant d'accorder son approbation le sous-préfet prend sur la conduite de ce gérant tous les renseignemens qu'il peut réunir et ne le confirme que quand il ne lui est parvenu rien qui puisse détruire la confiance en sa capacité et en sa probité.

364. Ce gérant est sujet à destitution lorsque sa conduite ultérieure y donne lieu.

365. Les anciens imprimeurs supprimés en exécution du décret du 5 février 1810 et les protes, doivent être préférés à tous autres, par les familles, pour cette gestion : les sous-préfets sont autorisés à les substituer provisoirement d'office lorsque le gérant déjà nommé ne lui paroît pas devoir remplir convenablement sa place, sous le rapport de la conduite, de la capacité dans l'état, et surtout sous celui de la probité.

366. Le procès-verbal est transmis sans délai par le sous-préfet avec son avis à l'inspecteur divisionnaire et adressé par celui-ci au directeur général avec son rapport pour qu'il décide s'il y a lieu, ou non, de de conserver l'imprimerie aux enfans du décédé.

367. Si le directeur prononce qu'il y a lieu à la conservation de l'imprimerie et qu'il agrée le gérant, celui-ci est tenu de prêter le serment prescrit par l'art. 271 ; de ne rien imprimer pour son compte particulier, et de gérer la maison qui lui est confiée, avec honneur et probité et dans dans l'intérêt des mineurs.

368. Les fonctions de gérant doivent durer et continuer jusqu'à ce que celui des fils, destiné à succéder à son père, soit parvenu à l'âge de 21 ans accomplis, ait rempli les formalités prescrites et satisfait aux conditions exigées par le réglement pour exercer par lui-même, sans préjudice aux droits des autres enfans.

Lorsque le titulaire ou sa veuve n'ont, à leur décès, laissé que des filles, la gestion du gérant se prolonge jusqu'au moment où l'une des filles peut être appelée à succéder à la place de son père par son mariage avec un aspirant, mais toujours sans préjudice aux droits des autres enfans.

369. Le gérant demeure garant et responsable de ses faits, pendant toute la durée de sa gestion, et en doit tous les trois mois compte au tuteur des mineurs, à moins de dispositions contraires dans l'acte qui l'a constitué.

370. Si le directeur général ne trouve pas que, dans l'intérêt même des mineurs, il y ait lieu à leur conserver la place, il adresse ses ordres à l'inspecteur divisionnaire pour indiquer le concours, à moins que la famille n'ait obtenu de lui pour les mineurs, la faveur de traiter particulièrement de la place vacante.

SECTION SEPTIÈME.

De la transmission et de la cessibilité du titre d'Imprimeur.

371. Le titre d'imprimeur est transmissible par le titulaire, sa veuve, ses héritiers ou ayant cause, par succession; ou cessible par vente, donation ou autrement, quand le titulaire ou possesseur en a obtenu l'agrément du directeur général, d'après l'exposé des motifs qu'il a jugés valables et suffisans, à la charge par l'acquéreur d'avoir les qualités exigées; de remplir les formalités et de satisfaire aux obligations prescrites par le réglement.

SECTION HUITIÈME.

Des professions compatibles ou incompatibles avec l'exercice de l'Imprimerie.

372. Les imprimeurs peuvent réunir à l'exercice de leur profession, la librairie, le commerce de la musique et des estampes, un abonnement de lecture, s'ils peuvent en obtenir la permission, la reliûre, et même le commerce de papier, mais seulement en détail et seulement pour ce qui concerne l'écriture et le service des bureaux en payant le droit de patente de chacune de ces professions.

Le commerce de papiers en gros, tant pour l'écriture que pour l'impression, leur est expressément interdit.

373. Les fondeurs, qui cumulent actuellement les professions de fondeurs et d'imprimeurs sont autorisés à les continuer simultanément, s'ils sont conservés comme imprimeurs, en payant la patente de chacune d'elles ; mais pour l'avenir ces deux professions sont déclarées incompatibles.

374. Toute fonction publique à laquelle un traitement quelconque du gouvernement se trouve attaché, est incompatible avec la profession d'imprimeur. Ceux qui les cumulent sont tenus d'opter dans les trois mois qui suivront la publication du réglement.

Passé ce délai ils sont censé avoir renoncé aux fonctions publiques qui leur avoient été confiées : il est procédé à leur remplacement.

Ils ne peuvent sous aucun prétexte avoir de prête-nom, et sont destituables pour ce seul fait.

SECTION NEUVIÈME.

Police intérieure et particulière de l'Imprimerie.

§. Ier.

Des Apprentis brevetés.

375. Le premier degré pour parvenir à l'exercice de la profession d'imprimeur, lorsqu'on n'est pas fils d'un titulaire, est l'apprentissage chez un imprimeur avec lequel il a été passé auparavant un brevet devant notaires. Les conditions pécuniaires au profit de l'imprimeur, ne peuvent excéder 300 francs pour Paris; 200 francs pour les villes où il y a 6 imprimeurs ; 150 francs pour le chef lieu du département et 100 francs pour les autres villes. Ce brevet doit contenir la quittance de l'argent stipulé, s'il y en a eu de donné d'avance.

Les frais du brevet doivent être supportés par les parens de l'apprenti. (Ancien code 20.).

376. L'apprenti, à l'expiration du temps de son apprentissage doit rester pendant les deux premières années du compagnonage chez le titulaire qui l'a reçu, si celui-ci l'exige, quand il n'a pas reçu de prix pour l'apprentissage.

377. La quittance de la somme doit être notariée, quand elle n'a été comptée que postérieurement.

378. L'apprentissage est de trois ans et ne peut être, sous aucun prétexte, abrégé. L'imprimeur convaincu d'avoir fait une remise quelconque de temps à son apprenti, est en contravention et passible de l'amende déterminée au titre des délits et contraventions. (Anc. code, art. 21 et 22).

379. L'apprenti requiert, à l'expiration du temps de son apprentissage, le certificat constatant qu'il est terminé et qu'il a rempli ses devoirs d'apprenti à la satisfaction de l'imprimeur qui l'a reçu en cette qualité.

La déclaration de l'expiration de l'apprentissage et de la capacité de l'apprenti doit être faite devant notaires.

380. Cette déclaration ne peut être refusée sans cause légitime : le juge de paix de la résidence de l'imprimeur titulaire juge de la validité des motifs du refus, sauf l'appel en dernier ressort devant le tribunal civil de l'arrondissement, qui juge sans délai.

Chaque imprimeur en exercice ne peut avoir à la fois qu'un apprenti breveté. Il ne peut en prendre un nouveau que le temps du premier ne soit expiré, ou du moins avant les six derniers mois avant son expiration (Ancien code, art. 23).

381. L'apprenti, qui s'absente sans cause légitime et sans avoir prévenu l'imprimeur titulaire chez lequel il travaille, est tenu, lorsque l'absence est légalement constatée, de faire le double du temps qui lui reste encore à faire pour devenir ouvrier.

La récidive, toujours sans motifs valables et sans avoir prévenu, entraîne la déchéance de l'appentissage, et réduit l'apprenti déchu à la condition de simple alloué.

Les imprimeurs sont obligés de déclarer l'absence de leurs apprentis et de leurs alloués à l'inspecteur divisionnaire du ressort qui en tient registre, et à l'autorité locale de la résidence pour la surveillance et l'action de la police (Ancien code, art. 25).

382. Les veuves d'imprimeurs et les gérans ne peuvent faire d'apprentis brevetés. (Ancien code, art. 55.).

Modèle d'un Brevet d'apprentissage passé devant Notaires.

Pardevant notaires à département d
est comparu le sieur lequel, pour le profit et avantage de son fils, l'a mis et constitué en apprentisage, moyennant la somme de chez le sieur imprimeur à ce présent et acceptant, pour le tems et espace de trois années consécutives à compter de ce jour.

Ledit sous la garantie du sieur son père, qui s'oblige personnellement à veiller à ce que son fils tienne et remplisse l'engagement qu'il contracte par le présent acte, promet d'employer utilement le tems de son apprentissage, et d'apprendre de son mieux ce qui lui sera montré et enseigné; d'obéir au sieur en ce qui lui sera commandé de juste et de raisonnable; de chercher à lui être utile suivant ses moyens et facultés; de l'avertir des pertes et dommages qu'il seroit dans le cas d'éprouver, si aucuns venoient à sa connoissance.

Le sieur s'oblige aussi personnellement de veiller à ce que ledit son fils, ne puisse s'absenter de chez le sieur sans causes légitimes, à peine de nullité du présent brevet.

Ledit sieur reconnoît et retient ledit pour son apprenti, ainsi que l'accepte ledit sieur père; et promet de le traiter avec douceur et bienveillance; de lui donner toute l'instruction et tous les soins nécessaires pour en former non seulement un bon ouvrier, mais le mettre encore à même de parvenir à l'exercice de la profession d'imprimeur titulaire.

Ledit sieur reconnoît en outre avoir reçu dudit sieur père, comme la juste indemnité des peines et soins qu'il se donnera pour ledit pendant le cours de son apprentissage, la somme de en pièces de réellement comptées et délivrées à la vue des notaires soussignés, dont quittance.

Fait et passé en l'étude à le

(*S'il n'y a pas d'argent stipulé:* à la charge par led. N . . . . de rester pendant deux années chez le S . . . . comme ouvrier-compagnon, sans pouvoir le quitter qu'après l'expiration de ce délai.).

§. II.

Des Alloués.

383. Les enfans ou jeunes gens âgés de moins de dix-huit ans qui se disposent à devenir compagnons imprimeurs sans vouloir devenir imprimeurs titulaires peuvent être reçus et admis par les imprimeurs titulaires comme alloués. (Ancien code, art. 30).

384. Pour être alloué, il suffit de savoir bien lire, tant l'imprimé que l'écriture. (Ancien code, art. 30).

385. Le tems de l'apprentisage est de trois années consécutives. L'imprimeur titulaire ne peut faire aucune remise de temps.

386. L'imprimeur titulaire qui engage un alloué, ne peut sous aucun prétexte, exiger de ses parens aucune somme d'argent pour le prix de son enseignement.

387. L'alloué ne doit en services, la totalité de son temps à l'imprimeur qui l'a reçu que pendant dix-huit mois. Il doit, passé ce délai, le mettre en état d'achever d'apprendre son état de manière à être bon ouvrier, sans pouvoir l'en détourner par d'autres occupations ou travaux.

388. L'imprimeur titulaire peut exiger comme condition du contrat que l'alloué travaille chez lui comme ouvrier pendant une année consécutive, à dater du jour qu'il aura été reçu comme ouvrier, à la charge cependant de l'entretenir d'un travail suffisant pour faire une journée ordinaire. A défaut de travail, ou après l'expiration du délai ci-dessus stipulé, l'alloué est libre de travailler partout où bon lui semblera, en se conformant à la loi.

389. Tout alloué qui peut justifier d'études postérieures, capables de le faire admettre par la suite comme aspirant, ou qui aura exercé pendant cinq années consécutives les fonctions de prote, peut requérir son admission et son inscription comme aspirant, après avoir subi l'examen préalable et produit tous les certificats exigés par le réglement.

390. L'acte par lequel un imprimeur engage un alloué, doit être fait double entre lui et le père de l'alloué, enregistré, et visé par le maire ou le commissaire de police du domicile de l'alloué.

391. Les articles 378, 379, 380 et 381 concernant les apprentis sont communs aux alloués, seulement l'art. 381 est ainsi rédigé pour ce qui concerne la récidive de l'absence de l'alloué : la récidive de l'absence de l'alloué, légalement constatée, annulle son acte, et le rend incapable de jamais devenir ouvrier-compagnon.

Modèle du Brevet d'un Alloué.

Entre nous soussignés imprimeur à et le sieur ont été arrêtées les conditions suivantes :

Le sieur pour le profit et avantage de son fils, l'a, présent acte, mis et constitué en apprentissage à compter de ce jour, et pendant trois années entières et consécutives chez le sieur à l'effet d'y apprendre l'état d'imprimeur, pour parvenir à travailler par la suite dans ledit état comme ouvrier-compagnon.

Ledit sous la garantie de son père, qui s'oblige personnellement de veiller à ce que ledit son fils, remplisse fidèlement l'engagement qu'il contracte par le présent acte, promet d'employer utilement le temps de son apprentissage, et d'apprendre de son mieux ce qui lui sera montré et enseigné ; d'obéir au sieur dans ce qui lui sera commandé de juste et raisonnable ; de chercher à lui être utile suivant ses facultés et moyens ; de l'avertir des pertes et dommages qu'il seroit dans le cas d'éprouver, si aucuns venoient à sa connoissance.

Le sieur père s'oblige personnellement à empêcher que son fils ne s'absente, sans causes légitimes, de chez le sieur soit pour travailler ailleurs, soit sous tout autre prétexte, à peine de nullité du présent acte.

Ledit reconnoît et retient ledit pour son alloué, avec promesse de le traiter avec douceur et bienveillance, et de lui donner ou faire donner toute l'instruction et tous les soins nécessaires pour en former un bon ouvrier, capable de trouver dans ladite profession des moyens honorables d'existence, pourvu cependant que les moyens et facultés intellectuelles dudit le permettent.

Fait double entre nous en la demeure dudit sieur à le

Enregistré à le

Article additionnel quand l'imprimeur l'exige. Il est expressément convenu, et comme condition expresse sans lequel led. acte n'auroit pas eu lieu, que led . . . demeurera et travaillera comme ouvrier-compagnon chez led. S... pendant une année à dater du jour qu'il sera reçu et reconnu comme ouvrier ; pour être terminé le. . . . . passé lequel délai led. . . . sera libre de travailler ailleurs en se conformant à la loi.

§ III.

Des Ouvriers-Compagnons-Imprimeurs.

392. A dater du jour de la publication du réglement, nul ne peut être admis à travailler comme ouvrier-compagnon qu'il ne soit reconnu en cette qualité, et qu'il ne soit porteur du registre où doit être inscrit le certificat qui le constate.

393.

393. Les imprimeurs titulaires, les protes ayant cinq années révolues d'exercice, et les ouvriers-compagnons travaillant depuis quinze années révolues, sont seuls admis à les reconnaître. Ces derniers ne peuvent avoir cette faculté qu'ils n'aient d'abord été eux-mêmes reconnus.

394. Le certificat d'un imprimeur titulaire, celui de deux protes ayant cinq ans d'exercice ou quatre anciens ouvriers-compagnons, travaillant depuis quinze ans est suffisant.

395. Postérieurement à la publication du réglement nul ne peut être reconnu et reçu comme ouvrier-compagnon qu'il n'ait été auparavant apprenti breveté ou alloué.

396. L'apprenti breveté ou l'alloué, qui a fini son tems, requiert de l'imprimeur dont il est l'apprenti ou l'alloué de l'accompagner avec le témoin, ou les témoins désignés en l'art. 399, chez le commissaire dans le ressort duquel l'imprimerie est située, pour déclarer que le tems de son apprentissage est terminé et fini, que le requérant a la capacité nécessaire pour être admis à travailler comme compagnon, et faire dresser procès-verbal de ladite déclaration sur le registre qu'il est obligé d'avoir comme ouvrier.

397. Cette déclaration ne peut être refusée sans cause légitime : l'imprimeur requis, lorsqu'il refuse de la donner, est obligé de déduire les motifs de son refus devant le juge de paix. Ce magistrat prononce sur la validité des motifs, sauf l'appel au tribunal civil de l'arrondissement, conformément au titre XXIV, art. 404 et 405, du code de la procédure civile.

398. Lorsqu'il n'y a pas de difficultés, l'imprimeur titulaire est obligé d'accompagner son apprenti ou son alloué chez le maire ou le commissaire de police de son domicile, pour faire dresser le procès-verbal de la déclaration prescrite en l'article 297, en présence d'un prote ou de deux ouvriers-compagnons, et à défaut, en présence de deux témoins les plus voisins de l'imprimerie. Le déclarant et les témoins signent le procès-verbal avec celui qui l'a rédigé. Ce procès-verbal doit être écrit sur le registre timbré, prescrit par l'article 408.

Modèle de l'Acte en vertu duquel un Apprenti breveté, ou un Alloué est reçu Ouvrier à Paris.

Aujourd'hui pardevant nous commissaire de police de la division d arrondissement est comparu le sieur imprimeur à Paris, y demeurant rue arrondissement.

Lequel a déclaré tenir quitte de tout engagement, comme son apprenti, le sieur ici présent, dont l'apprentissage est expiré le aux termes du brevet passé le devant et son confrère, notaires impériaux à Paris.

Ledit sieur déclare en outre que ledit en a rempli toutes les conditions avec honneur et probité, et à son entière satisfaction, et reconnoît audit la capacité suffisante et le talent nécessaire pour travailler en qualité d'ouvrier; en conséquence il l'admet et reçoit comme ouvrier pour travailler chez lui autant de tems que ledit voudra y demeurer (à moins de dispositions contraires dans le brevet), avec la faculté de travailler ailleurs, et de se présenter ensuite comme aspirant au titre d'imprimeur, après deux années révolues à dater de ce jour.

Les déclaration, reconnoissance et admission ci-dessus ont été faites en présence du sieur prote de l'imprimerie du sieur ou du sieur ouvrier (compositeur ou imprimeur), demeurant et du sieur ouvrier (compositeur ou imprimeur), demeurant qui a *ou* ont signé avec ledit sieur déclarant, ledit sieur actuellement reçu, et Nous, qui avons rédigé le présent acte sur le registre que tout ouvrier-imprimeur est tenu d'avoir conformément aux articles 6, 7, 8, 9, 10, 11, 12, 13, 14 et 15 des titres 2 et 3 de la loi du 22 germinal an 11, de l'arrêté du gouvernement du 9 frimaire an 12, et des articles 392 à 398 du réglement de l'imprimerie et de la librairie, pour valoir et servir ce que de raison. A Paris, les jour et an que dessus (1).

---

(1) Ce modèle d'acte est le même pour les alloués; toute la différence consiste en ce que l'acte de l'alloué a été fait sous seing-privé, et qu'il n'a été stipulé aucune somme d'argent pour le prix de l'apprentissage, et dans la suppression de ces mots : « avec la faculté de se présenter comme aspirant au titre d'imprimeur, après deux ans révolus à dater de ce jour ». Il est aisé de substituer ce qu'il faut pour l'alloué.

Il en est de même pour l'acte à dresser dans les départemens. L'officier public peut y suppléer facilement.

La même formule d'acte peut servir pour les ouvriers dans les départemens. L'officier public qui le rédigera, pourra aisément remplacer les qualités du commissaire de police par les siennes, et faire les changemens convenables; seulement, comme dans certaines villes, il peut arriver qu'il n'y ait pas de prote ou d'ouvriers pour être témoins, alors ils seront remplacés par deux des voisins les plus proches de l'imprimeur.

§ IV.

Des Protes actuellement en exercice ; des formalités prescrites et nécessaires à l'avenir pour être Prote.

399. Les protes actuellement en exercice n'ont besoin, pour être reconnus en cette qualité, que du certificat de l'imprimeur chez lequel ils exercent cette fonction. Ce certificat doit être en outre visé, à Paris, par deux autres imprimeurs ; et dans les autres départemens par un seul.

400. A l'avenir, celui qui sera choisi comme prote, doit en faire la déclaration écrite, à Paris à la préfecture de police, dans les départemens au préfet du ressort.

401. Le préfet donne acte de la déclaration, au bas d'une copie certifiée de lui conforme et renvoie le déclarant devant, soit un professeur d'un lycée, soit un chef d'école secondaire, pour être examiné sur ses connaissances de la langue française, et obtenir le certificat, qu'il la sait par principes, et l'écrit correctement.

402. Sur le vu du certificat, il est inscrit comme prote, soit à la préfecture de police de Paris, soit à celle de son département, sur le registre destiné à cette inscription, et copie de cette inscription lui est délivrée.

403. Cet acte est sujet à l'enregistrement.

404. Il est dû à l'examinateur, par celui qui a subi l'examen, trois jetons d'argent de la valeur de 5 francs chacun.

405. L'inscription exigée par l'article 402, après les formalités prescrites par les articles 400 et 401, est suffisante, jusqu'au 31 décembre 1815, pour être admis et inscrit comme aspirant, en justifiant de cinq années non interrompues d'exercice dans la profession. A l'expiration de ce délai la connaissance du latin et la lecture du grec deviennent exigibles ; mais aussi en vertu de cet examen subi dans les formes prescrites par les articles 294 à 300, tous les protes en état de justifier de cet examen, sont rangés sans autre délai, dans la classe des aspirans.

406. L'état de correcteur d'épreuves est libre et n'est sujet à aucune formalité.

§ V.

Dispositions particulières relatives à la discipline et à la police des Ateliers, ainsi qu'à l'entrée et la sortie des Ouvriers dans les Imprimeries.

407. Les alloués, les apprentifs brevetés, les ouvriers-compagnons, les protes d'imprimerie et les aspirans, qui travaillent actuellement comme ouvriers-imprimeurs, sont sous la surveillance immédiate des autorités ayant l'action de la police. (Dispositions de l'ancien code et qui en forment la base).

408. Nul ouvrier ne peut, sous quelque prétexte que ce soit, être admis à travailler dans aucune imprimerie de Paris ou des départemens qu'il ne soit porteur d'un registre timbré qui constate son état d'ouvrier-imprimeur.

Tous les ouvriers admis à travailler en cette qualité, postérieurement à la publication du réglement, doivent à la bourse commune douze francs une fois payés.

409. En tête de ce registre seront imprimés :

1°. L'extrait de la loi du 22 germinal an XI, relatives aux manufactures, fabriques et ateliers ; comprenant les articles 6 à 15 également applicables à l'imprimerie.

2°. Les dispositions du présent réglement, relatives à la police particulière des imprimeries et contenues aux articles 407 à 419.

410. Le même registre doit, en outre, contenir douze feuillets ou rôles de papier blanc, lesquels sont sujets au timbre, et doivent être cotés et paraphés à Paris, à Lyon et à Marseille, par un commissaire de Police et dans les autres villes par le maire ou l'un de ses adjoints.

411. Le premier acte de ce registre est celui de la reconnaissance ordonné par l'article 393, ou celui dont le modèle se trouve à la suite de l'article 398.

412. Chaque ouvrier imprimeur est obligé de faire constater sur son registre sa sortie de la maison où il travaille, avec déclaration qu'il est libre de tout engagement. Cette déclaration ne peut jamais être refusée que pour des raisons valables et légitimes, reconnues telles, s'il y a lieu, par le juge de paix du domicile de l'imprimeur, sans citation, sommairement et sans frais. (Ancien code, art. 29, 31).

413. Il ne peut être admis dans aucune autre imprimerie sans cette formalité de rigueur.

414. Lorsqu'un ouvrier se présente avec son registre en règle pour travailler chez un autre imprimeur, le premier soin de celui-ci, doit être de constater sur ce registre, l'entrée chez lui de l'ouvrier qu'il a reçu pour y travailler.

415. Il en est usé de même à chacune des entrées et sorties des ouvriers dans chacune des imprimeries.

416. Toutes les inscriptions doivent être faites sur chaque registre, sans lacunes ni blancs.

417. Le *visa* de l'une des autorités indiquées en l'art. 409, avec indication du lieu où l'ouvrier doit se rendre, n'est nécessaire qu'autant que l'ouvrier quitte la ville où il travaille actuellement.

418. Ce *visa* ne dispense pas du passe-port quand il est exigible.

419. Chaque imprimeur titulaire est obligé d'avoir un registre uniquement consacré à l'entrée et à la sortie des ouvriers qu'il doit employer ou qu'il a employés.

420. Les contraventions aux dispositions contenues aux articles 407 à 419 est punie par l'amende envers l'imprimeur titulaire et l'ouvrier contrevenans; la récidive est punie par l'interdiction temporaire du premier et par la prison pour l'autre indépendamment de l'amende.

421. Chaque imprimeur est libre de distribuer dans son atelier les

travaux comme il le juge convenable, sans qu'aucun ouvrier puisse faire valoir en sa faveur aucun droit d'ancienneté.

Il peut diviser également l'ouvrage qui requiert célérité et en partager la mise en pages, s'il y a lieu, sans que ces division et partage puissent donner lieu à réclamation.

Les ouvriers à la casse et à la presse ne peuvent également faire valoir aucun droit d'ancienneté pour obtenir à l'exclusion d'autres, un ouvrage, un rang (1) ou une presse qu'ils estimeroient meilleurs. (Ancien code art. 85.). Cependant la justice requiert, pour l'ancienneté et la fidélité des services, une juste préférence *en faveur* de ceux qui la méritent. Cette préférence est dans l'intérêt même de tout imprimeur qui attache du prix à l'estime et à l'affection de ses ouvriers.

422. L'ouvrier, chargé de la direction ou mise en pages d'un ouvrage, ne peut l'abandonner qu'il ne soit entièrement fini, à moins qu'il ne se retire, du gré de l'imprimeur, après l'avertissement donné huit jours à l'avance.

De même l'imprimeur ne peut retirer à un ouvrier, qu'il en a d'abord chargé, la direction ou la mise en pages d'un ouvrage, sans raisons ou motifs valables reconnus tels, s'il y a lieu, comme à l'article 412. (Ancien code, art. 34.).

423. Les imprimeurs sont cependant autorisés, après deux avertissemens préalables et dont il est fait mention sur le registre d'inscription de ses ouvriers, à remplacer tout ouvrier inexact et dont l'inconduite fréquente apporte des retards aux ouvrages qui lui sont confiés.

Les imprimeurs peuvent remercier leurs ouvriers en les avertissant huit jours d'avance;

De même les ouvriers, qui ne sont pas chargés de la mise en pages d'un labeur, peuvent également quitter l'imprimeur chez lequel ils travaillent, en le prévenant aussi huit jours d'avance. (Ancien code, art. 33).

424. Les imprimeurs titulaires ne peuvent faire discontinuer un ouvrage sans causes raisonnables, et alors ils sont tenus de donner aux ou-

---

(1) On appelle *rang*, la place que chaque COMPOSITEUR occupe pendant le travail.

vriers qu'ils emploient, d'autre travail, en attendant que le premier puisse être repris et continué, et si la discontinuation de l'ouvrage se prolonge au delà d'un mois, il est permis au metteur en pages, et aux autres compositeurs, de se retirer de l'imprimerie où ils travaillent actuellement, huit jours après en avoir prévenu : ils peuvent entreprendre ailleurs la mise en pages d'un autre ouvrage, ou y travailler, sans pouvoir être contraints de retourner dans la première maison.

425. Les ouvriers ont également et indistinctement la faculté de se retirer pour travailler ailleurs, quand l'ouvrage vient à manquer. L'imprimeur qu'ils sont ainsi forcés de quitter, ne peut, sous aucun prétexte, leur refuser le visa de leur registre et de déclarer qu'ils sont libres de tout engagement et de travailler ailleurs. (Ancien code, art. 32).

426. Les *protes* d'imprimerie, et les ouvriers à la journée connus sous le nom d'*ouvriers en conscience*, ne peuvent quitter les imprimeurs chez lesquels ils travaillent qu'en avertissant, savoir : le *prote* deux mois, et *les ouvriers en conscience* un mois auparavant.

Cet avertissement de deux mois et d'un mois est réciproquement obligatoire pour l'imprimeur envers son prote et ses ouvriers. (Ancien code, art. 37).

427. Tout ouvrier qui abandonne, sans en prévenir, l'ouvrage qui lui est confié, par inconduite, cabale ou tout autre motif jugé non valable, est remplacé sur le champ par l'imprimeur qui l'emploie.

Le compositeur est responsable et passible de la rupture des formes, et du mauvais ordre survenu dans les caractères qui lui sont confiés, quand ces ruptures et désordres proviennent de ses absences ou de causes qui lui sont personnelles.

L'imprimeur à la presse, qui abandonne son ouvrage, est passible et responsable du dommage qui résulte du papier gâté. (Ancien code, art. 36.) Ces ouvriers sont en outre passibles d'amende et même de prison, quand leur absence a été déclarée.

428. Tout imprimeur titulaire est obligé de déclarer à l'autorité locale de sa résidence l'absence de l'ouvrier qui le quitte sans avoir fait viser son registre. Sa déclaration doit être faite dans les trois jours de l'ab-

sence. Pour constater cette déclaration, l'imprimeur fait viser son propre registre par le maire ou le commissaire de police à l'article de l'absent.

A défaut de déclaration, les contraventions et délits dont l'absent pourroit se rendre coupable, retombent sur l'imprimeur passible en outre de l'amende.

429. Il est encore tenu, sous sa responsabilité et à peine d'en répondre personnellement, des désordres et tumultes qui peuvent survenir dans ses ateliers, lorsqu'il n'en fait pas sur le champ son rapport à l'autorité locale.

430. Toute coalition d'ouvriers qui a pour objet de faire cesser le travail dans un atelier, ou de l'interdire dans quelques-uns, d'empêcher de s'y rendre ou d'y rester avant ou après de certaines heures, et en général dont le but est de suspendre, empêcher, enchérir les travaux, est sévérement défendue. La tentative au commencement d'exécution est punie par la prison dont la durée est fixée d'après la gravité du délit. (Loi du 22 germinal an 11, art. 7.).

431. De même les imprimeurs titulaires ne peuvent se coaliser entre eux, pour forcer injustement et abusivement l'abaissement du salaire, et forcer, par une suspension simultanée de travaux, les ouvriers à y consentir. La tentative ou le commencement d'exécution est punie par amende et même par la prison pour les provocateurs de semblable coalition. (Loi du 22 germinal an 11, art. 7.)

432. S'il y a contestation pour le prix entre quelques imprimeurs et leurs ouvriers, ces contestations, lorsqu'elles ne peuvent être terminées à l'amiable, le sont par des arbitres nommés par le juge de paix.

433. Les travaux commencés ne peuvent, sous ce prétexte, être suspendus, à peine d'amende contre les ouvriers convaincus d'avoir cessé le travail, et même des peines prononcées par la loi, si la cessation du travail est le résultat d'une coalition. (Réglement art 430).

434. Toute autre difficulté des imprimeurs avec leurs ouvriers, est jugée, tant en demandant qu'en défendant, définitivement, sans citation, sommairement et sans frais, par le juge de paix du domicile de l'imprimeur.

SECTION DIXIÈME.

BOURSE COMMUNE.

Pour le soulagement des Protes, Ouvriers et Garçons de Magasins attachés aux Imprimeurs , ainsi que pour les enfans des Ouvriers décédés.

435. Il est établi à Paris une bourse commune pour l'assistance des ouvriers malades temporairement, et de leurs familles, quand pendant le temps de la maladie, leurs autres moyens d'existence sont insuffisans comme aussi pour le soulagement des infirmes, des vieillards, et pour secourir les enfans des ouvriers décédés, encore hors d'état de se procurer les moyens d'existence.

Il ne peut y avoir à Paris qu'une seule bourse commune.

Toutes autres associations ou réunions, quelqu'en puisse être le prétexte, sont expressément défendues, à moins de la permission spéciale du préfet de police.

436. Cet établissement est sous l'autorité du préfet de police, et la surveillance immédiate d'un commissaire par lui délégué.

437. Tous les ouvriers de l'imprimerie impériale et des soixante imprimeries de Paris ont le droit d'être membres de l'association ;

1°. Quand ils sont reconnus comme ouvriers et porteurs de leur registre.

2°. Quand ils se sont engagés à payer la rétribution à laquelle doit se monter la cotisation de chaque ouvrier.

438. La soumission est faite pour une année.

439. La rétribution se perçoit tous les quinze jours.

440. Cette rétribution est de cinquante centimes pour chaque quinzaine, et de treize francs pour un an.

441. Dans les circonstances urgentes et de plus grands secours à accorder la rétribution de chaque ouvrier peut être portée à un franc par quinzaine ; mais ne peut, sous aucun prétexte, être augmentée, et être perçue plus de trois mois de suite.

Les imprimeurs titulaires doivent aussi trois francs par mois à la bourse commune, et un franc de plus par mois pour chaque presse qu'ils ont en activité au-dessus de quatre.

442. La soumission de chaque ouvrier sortant est mentionnée sur son registre par l'imprimeur dont il quitte la maison. Sa rétribution doit être perçue dans la maison où depuis il a été admis à travailler.

443. Tout ouvrier qui quitte Paris n'a plus droit aux secours de la bourse commune, lors même qu'il auroit déjà payé sa rétribution depuis plusieurs années.

444. Cependant s'il ne veut pas perdre entièrement le fruit de ses rétributions passées, il se fait reconnoître pour membre de l'association sur son registre, afin d'être reconnu pour tel, lors de son retour : il est obligé de payer tout l'arriéré.

445. Il peut même rester membre de l'association s'il paie une année d'avance, il lui en est alors donné quittance sur son propre registre.

446. Il est nommé dans chaque imprimerie par tous les ouvriers qui y travaillent, soit leur prote, soit un d'entre eux, chargé,

1°. De tenir une note exacte de tous les soumissionnaires. (Cette note doit être communiquée à l'imprimeur titulaire, afin qu'il la mentionne sur son registre à l'article de chacun des ouvriers-soumissionnaires.).

2°. De recevoir par semaine ou par quinzaine la contribution de chacun des soumissionnaires.

3°. De les porter au point central établi par l'article 454.

447. Il est dû à la bourse commune, une fois payé :

1°. Par chaque apprenti breveté lors de la passation du brevet,	10	francs.
2°. Par chaque ouvrier au moment où il est reconnu commme tel;	12	
3°. Par chaque aspirant à la place d'imprimeur titulaire ;	15	
4°. Par chaque imprimeur titulaire au moment de la délivrance de son brevet.	20	

448. Les deux premières sommes sont directement versées dans la bourse commune par le délégué de la maison où les apprentis et ouvriers sont admis.

449. Les deux autres sont versées à la direction générale qui remet à l'administration de la bourse commune, à sa réquisition, tous les droits perçus des aspirans et imprimeurs de Paris.

450. L'assemblée générale de l'association est formée par les soixante et un ouvriers choisis dans les soixante et une imprimeries de Paris pour les fonctions qui leur sont attribuées par l'art. 446, et ne peut être sous aucun prétexte, composée d'un plus grand nombre de membres.

451. Chaque délégué est renouvelé tous les ans, et plus tôt, s'il quitte la maison qu'il représente. Son registre ne peut être visé par l'imprimeur qu'il n'ait remis toutes les notes relatives à l'association et qu'il n'ait justifié de la remise au point central de toutes les sommes qu'il a reçues.

452. Les soixante délégués se réunissent, d'abord, avec la permission du conseiller d'Etat préfet de police, et en présence du commissaire qu'il a délégué, et dans le lieu indiqué par ce dernier.

453. Cette première assemblée a pour objet de nommer un président, un secrétaire, un trésorier, un administrateur et deux visiteurs.

454. Ces sept personnes composent le point central ou bureau d'administration qui doit gérer en l'absence de l'assemblée générale.

455. Les fonctions de ce bureau sont de recevoir des délégués la rétribution de chacune des maisons qu'ils représentent, et de répartir les fonds reçus avec justice, impartialité et bienveillance aux malades temporaires, aux infirmes, aux vieillards, et de veiller aux orphelins en leur donnant les secours et les soins dont ils peuvent avoir besoin pour être placés, instruits et mis en état de travailler pour exister.

456. Les administrateurs ne doivent jamais perdre de vue que le but de cette institution est

1°. De procurer aux infirmes et aux vieillards les secours nécessaires à leur existence, soit en les plaçant, par la protection du directeur général et du préfet de police, dans les hospices qui leur sont consacrés, moyennant une somme quelconque, et en leur procurant en outre les légers accessoires dont la privation est, pour ces infortunés, une véritable calamité; ou de leur donner, à domicile et par semaine, un secours fixe et déterminé, lorsqu'ils ont la faculté d'être soignés chez eux;

2°. De donner aux malades temporaires des secours à domicile et de veiller à ce qu'ils soient strictement employés au soulagement du malade, et à l'existence de la famille s'il y a lieu; ou quand le malade est admis dans quelque hospice, de donner à sa famille les secours indispensables à son existence, en surveillant cet emploi;

3°. De procurer aux enfans des ouvriers décédés les moyens suffisans d'existence jusqu'à ce qu'ils soient en âge de travailler; de leur procurer un bon apprentissage pour y parvenir; de leur faire donner, en outre, l'instruction convenable, et, surtout, de veiller à leur conduite.

457. Le trésorier reçoit les fonds, paie les secours et doit tenir une comptabilité exacte.

L'administrateur surveille l'emploi des fonds.

Le censeur veille à ce qu'il ne soit accordé aucun secours de faveur. Et s'il est passé outre, contre son avis, il a le droit de consigner ses observations sur le registre des délibérations.

L'emploi des visiteurs est indiqué par leur nom. Ils vont chez les malades, infirmes, vieillards, orphelins et rendent compte du plus ou moins de secours, ou de quels secours ils ont besoin; veillent à l'emploi de ces secours et sur les enfans des ouvriers décédés.

458. Chacun des trésorier, administrateur et censeur doit un compte à l'assemblée générale.

Le trésorier doit compte de la recette et de l'emploi des fonds et du restant en caisse s'il y en a.

L'administrateur doit le compte moral de la gestion du bureau et de tout ce qui peut intéresser le bien être de l'association.

Le censeur doit déclarer, s'il n'a rien remarqué de contraire à l'intérêt général; si les secours on été distribués avec justice et discernement.

Il est tenu procès-verbal des délibérations de chacune des assemblées.

Ce procès-verbal, à peine de nullité, doit être signé du commissaire délégué du préfet de police.

459. L'assemblée générale de l'association ne peut tenir que deux séances par an, de six mois en six mois, et toujours en présence du commissaire délégué par le préfet de police ; une pour élire ceux des officiers qui doivent sortir de place, et l'autre uniquement destinée à entendre les comptes de la gestion du bureau pendant l'année précédente.

460. Le président et le secrétaire ne peuvent rester en place comme tels, que pendant une année. Ils peuvent être réélus après un intervalle d'une année ; ils sont éligibles pour une autre place.

Les autres membres du bureau se renouvellent ainsi qu'il suit ;

Le trésorier et le censeur doivent sortir de place la première année. Ils sont remplacés par l'administrateur et le premier visiteur ; il est procédé, par une nouvelle élection, au remplacement de l'administrateur, du premier et du second visiteur, de telle manière que les visiteurs ne soient et ne demeurent dans ces dernières fonctions que pendant une année.

461. Les officiers du Bureau déterminent les lieu, jour et heure de la tenue du bureau, afin que les délégués et les associés soient toujours en mesure de communiquer avec eux.

Ils ne peuvent refuser de s'assembler extraordinairement, quand il y a besoin urgent de secours.

Ils tiennent registre de leurs délibérations.

462. Le produit des rétributions est enfermé dans une caisse à trois clefs dont le trésorier, l'administrateur et le censeur ont chacun une.

La caisse ne peut être ouverte et les fonds ne peuvent en être retirés et repartis qu'en présence de tous les dépositaires des clefs. Ils ne peuvent se les confier réciproquement ; leur présence individuelle est constatée par procès-verbal.

463. Les secours et leur quantité sont accordés à la majorité des suffrages des membres du bureau. Ils ne peuvent délibérer moins de cinq.

464. Il n'est accordé de secours qu'il ne soit demandé par le prote et les ouvriers de l'imprimerie où travaille celui qui les réclame ; et qu'il n'ait été visité par un des visiteurs qui doit faire son rapport préalable.

Ces visites et ce rapport ne peuvent être prolongés au-delà de vingt-quatre heures.

465. Les ouvriers qui ne sont pas membres de l'association n'ont aucun droit aux secours de l'association, ni même au partage dans les exemplaires des ouvrages imprimés dans la maison où ils travaillent.

466. Il est établi, avec l'autorisation du préfet, pareille association dans les départemens ou dans les villes où le nombre des ouvriers peut le permettre.

467. Dans les départemens ou dans les villes où pareille association peut être établie avec l'autorisation du préfet, le bureau est composé du président faisant les fonctions de trésorier, du sécrétaire celles d'administrateur, d'un censeur et d'un visiteur.

Ils sont renouvelés par moitié; le trésorier et le censeur sont d'abord renouvelés ensemble; l'administrateur et le visiteur les remplacent et il est nommé un nouvel administrateur et un visiteur nouveau.

Tous les articles sont communs à chacune desdites associations.

468. Si pareille association ne peut avoir lieu, soit dans un département soit dans une division, les droits de bourse commune demeurent dans les mains de la direction pour être appliqués sans distinction, aux ouvriers imprimeurs, aux vieillards et infirmes des départemens qui n'ont pu avoir d'association, à raison du petit nombre d'ouvriers.

469. Ces secours sont alors demandés, par une requête, à l'inspecteur divisionnaire; les faits de cette requête sont certifiés par un imprimeur du département.

Le préfet donne ensuite son avis; et s'il y a lieu d'accorder le secours demandé, l'inspecteur divisionnaire l'ordonne ainsi, et délivre un mandat sur la direction d'après son rapport motivé.

SECTION ONZIÈME.

Des Afficheurs.

470. Rien ne peut être affiché sans permission particulière et que par ceux nommés et commissionnés à cet effet par les préfets de départemens, et à Paris par le préfet de police (Ancien code art. 69).

471. Dans les sous-préfectures et autres villes où il y a des imprimeurs,

les afficheurs sont nommés et commissionnés par le préfet sur la demande du sous-préfet ou du maire de chacune de ces villes.

472. Outre la commission dont il est porteur, et qu'il doit représenter à toute réquisition à l'officier public compétent, l'afficheur est obligé de porter sur lui, d'une manière apparente, une médaille sur laquelle le mot *afficheur* est fondu en relief. (Ancien code, art. 74).

Au revers sont gravés les prénoms et nom de l'afficheur, ainsi que le n°. de sa commission.

Cette médaille est la même pour tous les afficheurs de l'Empire. Le le modèle en est présenté et arrêté par le ministre de la police générale sur le rapport nécessaire du préfet de police. (Ancien code, art. 74).

Le prix de la médaille est supporté par chaque impétrant.

473. Les médailles ne peuvent être délivrées par celui qui les aura fabriquées, qu'au préfet de police de Paris. Ce magistrat est chargé de les commander et de veiller à ce qu'il ne se commette aucun abus dans la remise de ces médailles.

474. Le nombre des afficheurs est fixé pour Paris à soixante, et celui es afficheurs dans les départemens, selon le besoiu. (Ancien code, art. 74).

475. Les préfets des départemens s'adressent au préfet de police pour la remise du nombre de médailles qu'il a réglé.

476. Les afficheurs ne peuvent rien afficher sans la permission des maires, des sous-préfets et même du préfet, quand il y a lieu.

A Paris, les permissions d'afficher émanent du préfet de police seul.

477. Chaque afficheur est tenu de déclarer son domicile, dans les départemens au secrétariat de la mairie du lieu de sa résidence ; à Paris à la préfecture de police, et au commissaire de sa division.

Il doit aussi prévenir l'autorité toutes les fois qu'il change de domicile.

478. Les contraventions et délits dont les afficheurs se rendent coupables sont punies par l'amende, la prison et par les peines portées au code pénal.

TITRE SIXIÈME.

De la Librairie et autres Commerces analogues.

SECTION PREMIÈRE.

Dispositions relatives aux Libraires, aux Géographes tenant magasin, aux Marchands d'Estampes et de Musique.

479. A dater du premier janvier 1811, nul ne peut continuer le commerce de la librairie, des cartes de géographie, des estampes et de la musique qu'il ne soit porteur d'un brevet de confirmation (Décret du 5 février 1810 étendu aux commerces analogues.). Le nombre des Libraires n'est pas limité.

480. Chaque brevet est soumis à l'approbation du ministre de l'intérieur, délivré par le directeur général et enregistré, dans la huitaine de la remise, au tribunal civil de l'arrondissement de l'impétrant. (même décret art 30.)

481. Les libraires, les géographes tenant magasin, les marchands d'estampes et de musique sont tenus au serment de fidélité à S. M. l'Empereur ; (idem).

Et en outre ;

1°. Les libraires ; « de ne rien faire imprimer, publier, « distribuer, exposer en vente, vendre et débiter de contraire « aux devoirs des sujets envers le souverain ; à l'intérêt de l'État « et aux bonnes mœurs :

2°. Les libraires tenant cabinet de lecture doivent y ajouter ; « comme aussi de n'avoir en leur possession, aucun ouvrage « contraire aux devoirs des sujets envers le souverain ; à l'intérêt « de l'État et capable de corrompre les mœurs ; de n'en jamais

« prêter,

» louer et donner à lire aucuns; d'avertir, quand ils les connais» sent, les parens, tuteurs ou instituteurs des jeunes gens de » l'un et l'autre sexe qui leur paroîtroient âgés de moins de vingt » ans; et, à leur défaut, l'autorité locale. »

3°. Les géographes tenant magasin : « de ne vendre ou com» muniquer aucunes cartes et plans dont la publicité, dans » leur conscience, pourroit porter quelque préjudice à l'intérêt » de l'État. »

4°. Les marchands d'estampes : « de ne graver ou faire graver, » imprimer, ou faire imprimer, exposer aux regards publics, » publier, distribuer, vendre et débiter aucunes estampes ou » allégories capables de porter atteinte à la fidélité et au respect » dus au souverain; de troubler l'ordre public, ou le repos des fa» milles en attaquant l'honneur des individus, ou enfin contraires » aux bonnes mœurs. »

5°. Les marchands de musique; « de ne graver ou de faire » graver, imprimer ou faire imprimer, publier, distribuer, vendre » et débiter aucunes œuvres de musique, airs notés avec parole, » séditieux et contraires aux devoirs des sujets envers le souverain, » de troubler l'ordre public et le repos des familles en attaquant » l'honneur des individus, et de porter atteinte aux bonnes » mœurs. »

482. Mention de l'enregistrement du brevet, et de la prestation de serment est faite sur chaque brevet par le président du tribunal de l'arrondissement.

SECTION DEUXIÈME.

Condition indispensable pour être libraire à l'avenir.

483. A l'avenir nul ne peut être compris au nombre des libraires, quelque soit la classe dans laquelle il doive être incorporé, qu'il n'ait été admis comme aspirant pour l'une de ces classes, et inscrit comme tel, sur le registre à ce destiné, chez l'inpecteur divisionnaire du ressort.

SECTION TROISIÈME.

Division des libraires en trois classes.

484. Les libraires sont divisés en trois classes.

Cette division n'a d'autre motif que le plus ou moins d'instruction. Tous sont admissibles dans la première, quand ils sont parvenus à réunir toutes les qualités requises par le réglement.

485. Le directeur général fait, pour la première fois, le classement de tous les libraires faisant actuellement le commerce, d'après les bases établies par le réglement.

SECTION QUATRIÈME.

Des libraires de première classe. Des qualités nécessaires pour y être actuellement compris : Des conditions et formalités nécessaires pour y être admis à l'avenir. Des droits et des attributions de ces libraires.

§. Ier.

Des Libraires de première classe.

486. Les libraires de première classe sont ceux qui, ou par leurs connoissances et une longue possession d'état, ou par leur admission à l'avenir comme aspirans de première classe, sont jugés capables d'y être compris.

§. II.

Des Qualités nécessaires pour être actuellement compris dans le nombre des libraires de première classe.

487. Sont compris de droit parmi les libraires de première classe,

1°. Les libraires reçus avant 1789.

2°. Les imprimeurs qui cumulent cette profession avec la leur

3°. Les libraires qui, depuis dix ans, sont en possession de faire imprimer et fabriquer, et dont le fonds de commerce se compose, en majorité, de livres qu'ils ont fait imprimer.

4°. Les aspirans, admis et inscrits comme tels, après avoir satisfait aux conditions et rempli les formalités exigées par le réglement.

§. III.

Des Droits et des attributions des libraires de première classe.

488. Les libraires de première classe ont seuls

1°. La faculté de cumuler la profession d'imprimeur avec celle de libraire.

2°. Le droit de faire fabriquer les livres tant anciens que nouveaux.

3°. Celui de faire l'inventaire et la prisée des livres, et des fonds de commerce de librairie, quelque soit la circonstance qui les nécessite.

4°. De réunir toutes les parties du commerce.

489. Les mêmes libraires ont seuls le droit, même à l'exclusion des notaires et des huissiers priseurs :

1°. De faire l'inventaire et la prisée des bibliothèques, des magasins et fonds de commerce, lors de leur cession, transmission ou vente, soit après décès, soit autrement ;

2°. D'en rédiger les catalogues.

3°. D'exposer en vente et d'apprécier tous les livres destinés à être vendus publiquement et à l'enchère, soit à l'amiable, soit en vertu de jugemens.

490. A Paris, la liste des libraires qui doivent être appelés pour ces inventaires, prisées et ventes publiques, est remise annuellement par le directeur général de l'imprimerie et de la librairie aux syndics des notaires et des huissiers priseurs. Dans les départemens il suffit que le libraire de première classe justifie de son brevet. (Ancien code 113 pour tout cet article).

SECTION CINQUIÈME.

Des libraires de seconde et troisième classes.

491. Les libraires de seconde classe ont la faculté d'acheter et de vendre en gros et en détail, et d'être commissionnaires ; mais ils ne peuvent faire fabriquer ni être chargés d'inventorier et de priser les livres, ni de les exposer en vente publique.

492. Ils sont admissibles dans la première classe dès qu'ils peuvent justifier d'une capacité suffisante, et qu'ils ont satisfait aux conditions requises et rempli les formalités prescrites, à cet effet, par le réglement.

493. Les libraires de troisième classe sont simples marchands détaillans : leur commerce se réduit à acheter et à vendre en détail les ouvrages tant anciens que nouveaux.

SECTION SIXIÈME.

Des libraires forains.

494. Les libraires forains sont ceux qui, nonobstant leur domicile à Paris, ou dans une des villes de l'Empire, vont dans les foires et principaux marchés pour y vendre tous les livres dont la vente et la publication est permise, comme propriétaires ou même comme simples commissionnaires.

495. Les libraires de toutes les classes peuvent être marchands forains, mais sans autres droits que ceux de la classe à qui ils appartiennent ; ils ont la faculté de parcourir les villes, bourgs, villages et châteaux et d'y vendre les livres permis. (Ancien code 75) ; mais ils ne peuvent avoir aucun établissement de commerce, à demeure et fixe, que dans le lieu de leur domicile habituel.

496. Leur balles, ballots, coffres, malles et voitures, sont sujets à

la visite de toutes les autorités locales exerçant la police dans l'arrondissement où ils se trouvent (*Idem.*)

497. Ils sont, plus étroitement que tous autres, sujets et soumis à toutes les lois et réglemens de police concernant la librairie, et passibles d'une peine double pour les contraventions dont ils sont reconnus coupables, outre la saisie et la confiscation de leurs marchandises. (*Idem.*).

498. Dans les foires et marchés, ces libraires ne peuvent tenir leurs ballots ouverts et leurs marchandises étalées qu'un jour avant l'ouverture de la foire : ils ne peuvent également rester ouverts quarante-huit heures après la fermeture de ces foires et marchés. (*Idem*).

499. Ils doivent vendre en personne et non par commissionnaires ou préposés.

500. Leurs passe-ports font mention de leur qualité de libraires brevetés. Sans cette formalité, toute circulation et tout commerce leur sont interdits ; et alors leurs marchandises sont susceptibles de saisie et de confiscation ; ils sont en outre passibles d'amende et de prison. (*Idem*).

501. Les libraires étrangers ont le droit de vendre, dans toute l'étendue du territoire de l'Empire, les livres en nombre qu'ils ont licitement introduits, mais seulement ceux-là, après avoir rempli toutes les formalités prescrites, et pourvu qu'il n'existe pas de ces livres d'édition originale fabriquée dans l'Empire (*Idem*).

SECTION SEPTIÈME.

Des aspirans de toutes les classes. Des conditions exigées et des formalités prescrites pour être admis et inscrit comme aspirant.

§. Ier.

Des aspirans.

502. Est aspirant à la profession de libraire, pour la classe à laquelle il doit appartenir, celui qui a satisfait aux conditions et rempli les formalités prescrites par le réglement.

503. Les libraires qui ont obtenu leur brevet de confirmation, et les aspirans sont seuls admis à l'exercice de cette profession, lorsqu'ils ont atteint l'âge de 21 ans accomplis.

504. Est admis comme aspirant, et inscrit sur le registre tenu à cet effet par l'inspecteur divisionnaire de chaque ressort, celui qui justifie de la capacité nécessaire, selon les formes établies et ordonnées par le réglement.

§. II.

Des conditions exigées et des formalités prescrites pour être admis comme aspirant à la profession de libraire.

505. Pour être admis et inscrit comme aspirant libraire, il faut remettre à l'inspecteur divisionnaire,

1°. Son acte de naissance ;

2°. Son brevet d'apprentissage ;

3°. Le certificat qui contaste que le tems de l'apprentissage et les conditions du brevet ont été remplies ;

4°. Le certificat de deux années de travail comme commis libraire ;

5°. Le certificat qui contaste, d'après l'examen subi à cet effet, que celui qui se présente,

Comme aspirant de première classe, sait la langue française par principes, qu'il a une connaissance suffisante du latin et qu'il sait lire le grec : (la connaissance du latin et la lecture du grec ne sont exigibles qu'au premier janvier 1816) ;

Comme aspirant de seconde classe, qu'il sait parfaitement lire et écrire correctement le français ;

Comme aspirant de troisième classe, qu'il sait lire et écrire ;

6°. Le certificat de bonnes vie et mœurs et de bonne conduite, souscrit par ceux chez lesquels ils ont demeuré et travaillé, ainsi qu'il est ordonné par l'article du réglement. (Ancien code 28 et 45 ; art. 8 du décret du 5 février 1810.).

506. Les articles 275, 276, 277, 278 et 279 du réglement concernant les imprimeurs sont applicables aux libraires.

507. Les fils de libraires ne sont point sujets à l'apprentissage, mais au travail de commis-libraires pendant deux années.

508. Les commis-libraires, en place depuis plus de cinq ans, sont également dispensés de produire le certificat de l'apprentissage. (Ancien code, art. 44, 46).

509. Les aspirans imprimeurs sont, de droit, aspirans libraires de première classe, lorsqu'ils ont travaillé deux ans comme commis libraires, et pareillement les aspirans libraires de première classe sont aspirans imprimeurs ; lorsqu'ils ont travaillé deux ans comme ouvriers-imprimeurs, mais ils ne peuvent exercer les deux professions simultanément, qu'ils n'aient subi les examens d'imprimeurs et de libraires exigés par le réglement, et acquitté les droits établis par les brevets de chacune de ces professions.

510. L'article 281 est commun aux fils de libraires et aux commis de libraires ayant plus de cinq ans d'exercice : les articles 284 et 285, 292 à 300 le sont à tous les aspirans libraires de première classe.

511. Les aspirans de seconde classe sont adressés par l'inspecteur divisionnaire du ressort au chef d'une école secondaire pour constater qu'ils savent la langue française par principes et qu'ils l'écrivent correctement.

512. Cet examinateur dresse le procès-verbal de son avis motivé sur le candidat qu'il a examiné et l'adresse directement à l'inspecteur divisionnaire.

513. Le candidat doit à l'examinateur trois jetons d'argent de la valeur de cinq francs chacun.

514. Les aspirans de troisième classe sont examinés par l'inspecteur divisionnaire du ressort qui les fait lire et écrire lui-même et juge lui-même de leur capacité à cet égard.

515. Ces aspirans doivent, pour cet examen, à l'inspecteur divisionnaire, deux jetons d'argent de la valeur de cinq francs chacun.

§. III.

De l'examen.

516. L'examen définitif n'a lieu que pour les aspirans de première classe. Les aspirans des autres classes sont admissibles à l'exercice de la profession de libraires, sans autres examen et formalités que la production des pièces exigées par l'article 505.

§. IV.

De l'admission à l'examen définitif.

517. Tout aspirant de première classe, qui veut être reçu libraire, présente requête au directeur général, par l'intermédiaire de l'inspecteur divisionnaire, tendante à ce qu'il soit procédé à son examen.

518. Cette requête, pour être admise, doit être accompagnée des pièces exigées par l'article 505.

§. V.

Du mode de procéder à l'examen définitif sans lequel le brevet ne peut être délivré.

519. Voyez l'art. 301 du Réglement commun aux libraires comme aux imprimeurs.

520. Le juri, pour les départemens, est composé d'un imprimeur et de deux libraires de première classe. (Pour le surplus voir l'art. 302 du réglement).

521. Comme à l'art. 303.

522. L'inspecteur divisionnaire indique le lieu, le jour et l'heure de l'examen.

523. Aux jour et heure indiqués, l'aspirant et les examinateurs se rendent au lieu désigné. Il y est procédé de suite et sans interruption à l'examen de l'aspirant.

524. L'aspirant doit répondre à toutes les questions qui lui sont adressées par chaque examinateur, relatives au commerce qu'il se propose

d'établir

d'établir, à la fabrication des livres en général, et autres parties de ce commerce, à la manière de tenir leurs registres de commerce; à celle de procéder à l'inventaire et à la prisée des livres, de rédiger les catalogues, d'exposer et d'apprécier les livres dans les ventes publiques.

525. Lors de la clôture de l'examen, le plus âgé des examinateurs fait connoître à chaque aspirant quels sont les devoirs d'un libraire chargé de faire une vente publique; combien le libraire qui trahit les intérêts de ses commettans, se rend coupable quand, par une intelligence criminelle avec certains hommes indignes d'exercer la profession de libraires, ils n'employent pas tout leur savoir, tous leurs moyens intellectuels, pour faire valoir les livres à la vente desquels ils président et les faire atteindre à la valeur approximative des prix du commerce; il doit, en outre, tâcher d'inspirer à chacun des candidats la juste horreur du trafic honteux dont le produit, vol véritable, est la revente entre des libraires coalisés entre eux, de livres acquis à vil prix par l'effet d'une intelligence criminelle.

526. Les articles 307 à 313 sont communs aux aspirans libraires de première classe.

§. VI.

Droit d'examen pour chacun des Aspirans.

527. Ces droits sont les mêmes que pour les aspirans imprimeurs. (Voir l'art. 303 n°. 2).

Les droits de bourse commune ne sont perçus qu'autant qu'il en est formé une pour les commis non établis et les garçons de magasin, conformément aux dispositions prescrites relativement à la bourse commune des ouvriers imprimeurs, art. 335 à 369 de ce réglement.

§. VII.

Du mode d'admission à la profession de Libraire.

528. Le directeur général soumet à l'approbation du ministre de l'intérieur le brevet d'admission de l'aspirant reconnu capable d'exercer

la profession de libraire, et après qu'il a satisfait à toutes les conditions et rempli toutes les formalités prescrites par le réglement.

529. Ce brevet est adressé à l'inspecteur divisionnaire pour le délivrer au récipiendaire, à la charge,

1°. D'acquitter les droits du brevet;

2°. De payer vingt francs à la bourse commune des commis-libraires et garçons de magasin, quand il y en a.

3°. De se présenter dans la huitaine devant le tribunal civil de son arrondissement pour y faire enregistrer le brevet et y prêter le serment prescrit par l'art. 505 : sur le brevet même, doit être faite la mention de la prestation du serment et de l'enregistrement.

Les libraires de seconde classe payent les deux tiers des droits exigés pour les libraires de première classe, et ceux de troisième seulement moitié.

530. L'art. 337 est applicable aux libraires de toutes les classes.

Modèle du brevet de libraire.

Sur ce qui nous a été représenté par le sieur qu'il est aspirant de classe; qu'il a satisfait à toutes les conditions exigées, et rempli toutes les formalités prescrites par le réglement pour parvenir à la profession de libraire de classe; qu'il espéroit en conséquence de la justice et de la bienveillance de S. E. Monseigneur le Ministre de l'Intérieur, l'approbation nécessaire pour que le brevet de libraire lui fût délivré à l'effet d'exercer ladite profession.

Ladite requête signée N....

Et pour justifier de ce que dessus, l'exposant a joint à la présente requête :

1°. Son acte de naissance;

2°. Son inscription d'aspirant;

3°. (S'il doit être libraire de première classe, le procès-verbal d'examen définitif avec l'avis de l'inspecteur divisionnaire);

4°. Le certificat de bonnes vie et mœurs, exigé par le réglement.

Vu la requête, etc.

Nous, etc.

(Le surplus comme au brevet d'imprimeur, en substituant le mot libraire à celui d'imprimeur.)

SECTION HUITIÈME.

Obligations et devoirs des Libraires.

531. Les libraires sont obligés

1°. De déclarer leur domicile ;

2°. De placer sur la principale porte de ce domicile, un écriteau indicatif de leurs nom et profession ;

3°. De faire apposer leur nom sur tous les ouvrages qu'ils impriment ;

4°. De tenir leurs magasins ou boutiques, (sujets aux visites comme les ateliers des imprimeurs), ouverts pendant le jour, et accessibles aux autorités compétentes et aux visiteurs.

(Voyez la section 3e., titre 2 du réglement).

532. Il leur est expressément défendu

1°. De publier, d'exposer, vendre et débiter aucun ouvrage prohibé comme contraire aux devoirs des sujets envers le Souverain, à l'intérêt de l'Etat ou aux bonnes mœurs ;

2°. De ne s'immiscer dans aucune contrefaçon d'ouvrages ;

3°. De faire annoncer par affiches ou dans les journaux, et de vendre ou distribuer aucun ouvrage sans avoir rempli les formalités prescrites pour le faire imprimer et publier, et reçu le récépissé ou procès-verbal exigé par le décret du 5 février 1810 ;

4°. De faire annoncer aucun ouvrage comme devant être composé par un ou plusieurs auteurs, qu'il n'ait été justifié au directeur de la librairie de l'engagement écrit de ces auteurs à y coopérer ;

De disposer les titres des ouvrages de manière à induire le public en erreur sur le contenu de l'ouvrage ou sur son auteur ;

6°. De reproduire un ancien ouvrage dans le commerce comme nouveau, en y substituant un autre titre ; ou d'annoncer comme nouvelle, l'édition d'un ouvrage ancien, dont le titre seulement auroit été changé ;

7°. D'annoncer aucun ouvrage comme fabriqué avec un procédé particulier, sans pouvoir justifier de l'existence de ce procédé, à l'égard de l'ouvrage.

(Chaque détempteur d'un exemplaire de tout ouvrage ainsi annoncé a le droit de demander juridiquement la preuve de la fabrication de cet ouvrage avec le procédé indiqué).

8°. De substituer au titre d'un ouvrage, ou se trouve le nom du libraire propriétaire ou principal débitant un titre nouvea avec le leur propre seulement.

9°. De publier aucuns catalogues, d'annoncer et de faire aucunes ventes de livres *au Rabais*, quand ces livres ne font pas partie du fonds de leur commerce, et qu'ils ne sont pas propriétaires de toute l'édition.

11°. D'acheter des livres de toutes personnes inconnues, de mineurs, d'étudians, d'apprentis et de domestiques, quand ils ne sont pas certifiés par d'autres personnes domiciliées et capables d'eu répondre. (Ancien code, article 7).

12°. De faire fabriquer aucun ouvrage hors de l'Empire.

13°. D'avoir plusieurs établissemens de commerce à la fois.

Les contraventions et délits relatifs aux dispositions ci-dessus sont punies par l'amende, la prison, l'interdiction temporaire ou définitive, et par les peines portées au code pénal, suivant leurs nature et gravité.

14°. Il est également défendu aux libraires, à peine d'être poursuivis correctionnellement, de se coalieer dans les ventes publiques pour empêcher, par une intelligence et des manœuvres criminelles, les livres d'atteindre la valeur, au moins approximative, des prix du commerce, de se les faire adjuger à vil prix, et de les revendre ensuite entre eux pour se partager le *boni* de cette revente.

Tout libraire convaincu d'un pareil délit est passible d'amende, de prison, et d'interdiction définitive, sans pouvoir jamais obtenir la permission de rétablir.

Le libraire chargé d'une vente publique, accusé d'avoir trahi les intérêts de ses commettans ; tout autre libraire accusé d'avoir établi chez lui la *revente* de livres achetés *en vente publique*, *à vil prix*, par l'effet et les suites d'une intelligence et de manœuvres criminelles entre des libraires coalisés, sont, à la requête des parties lésées et plaignantes, et même d'office par le ministère public, poursuivis et condamnés, s'il y a lieu, aux dommages-intérêts des parties lésées, à une amende double de celle prononcée contre les autres délinquans, et à deux années de prison.

Tous sont déchus de la profession de libraire, et déclarés incapables de jamais l'exercer.

Il est enjoint aux libraires, chargés des ventes, d'indiquer aux huissiers-priseurs, et à ceux-ci de faire éconduire, du lieu des ventes, tout individu, repris de justice pour semblable délit.

SECTION NEUVIÈME.

Des veuves de libraires.

533. Les veuves de libraires sont habiles à succéder à leurs maris ; elles peuvent se remarier et continuer le commerce pourvu que ce soit à un homme ayant les qualités requises pour être reçu libraire, sauf les droits des enfans sur le bien de leur père décédé.

SECTION DIXIÈME.

Des orphelins de libraires.

534. Le fonds de commerce d'un libraire décédé veuf, et laissant un ou plusieurs enfans mineurs doit leur être conservé jusqu'à la majorité de l'un d'eux, par l'établissement d'un gérant nommé par un tribunal de famille, et présidé par le juge de paix du canton ; à moins qu'il n'en ait été décidé autrement par un avis de parens des mineurs, homologué par le tribunal civil de l'arrondissement.

535. Les dispositions des articles 361 à 369 sont applicables à la gestion des fonds de commerce de librairie pendant la minorité des orphelins de libraires.

SECTION ONZIÈME.

De la transmission et cession des fonds de commerce de librairie.

536. Ces fonds sont transmissibles et cessibles, mais seulement à un aspirant libraire ayant les qualités requises pour être admis à l'exercice de cette profession.

L'acte de transmission et de cession des brevets de garantie faisant partie d'un fonds de commerce, sont sujets à l'enregistrement; ils doivent également être enregistrés à la direction générale à peine de nullité des brevets.

SECTION DOUZIÈME.

Des professions compatibles avec celle de libraire.

537. L'exercice de l'imprimerie et le commerce de la librairie ne peuvent être réunis que par le libraire de première classe, après avoir satisfait aux conditions exigées par le réglement pour l'une et l'autre profession. (Décret 5 février 1810, art. 31 et 32).

538. La tenue des cabinets de lecture, l'exploitation d'un journal, le commerce des cartes de géographie, de la musique et des estampes, du papier en détail seulement, la reliûre, sont compatibles avec la profession de libraire, sans distinction de classes.

539. La profession de libraire et toutes celles assujéties à l'observation du réglement sont incompatibles avec des fonctions publiques salariées. Les dispositions de l'art. 374 leur sont également applicables.

SECTION TREIZIÈME.

Des cabinets de lecture.

540. Les cabinets de lecture ne peuvent être tenus que par des libraires brevetés, leurs veuves, et les gérans pour les enfans de libraires, orphelins et mineurs, à l'exclusion de tous autres.

541. Le gérant doit être ou un ancien libraire retiré, ou un aspirant ayant travaillé quatre ans chez un libraire.

Ce gérant est nommé avec les mêmes formalités et soumis aux mêmes obligations que le gérant-imprimeur, ainsi qu'elles sont exprimées aux articles 360 à 369.

542. Nul libraire ne peut avoir et tenir de cabinet de lecture ouvert au public, ni louer des livres par abonnement, à l'année, au mois, au volume, sans la permissiou écrite du directeur général, visée de l'inspecteur divisionnaire et du préfet de son domicile.

543. Les libraires ne peuvent obtenir la permission du directeur général que sur la présentation de l'inspecteur divisionnaire, faite d'après l'avis préalable et nécessaire du préfet de son département, et à Paris, du préfet de police.

544. Le nombre des cabinets de lecture est fixé à Paris à quatre-vingt-seize, sans que, sous aucun prétexte, ce nombre puisse jamais être dépassé.

Dans les villes des autres départemens, il peut être établi un cabinet de lecture par dix mille habitans; dans les villes de dix mille habitans et au-dessous, il ne peut jamais y en avoir qu'un seul.

Cependant si un préfet de département juge ce nombre insuffisant pour quelque ville de son administration, il en réfère à l'inspecteur divisionnaire qui fait passer cette demande au directeur général avec son rapport et ses conclusions motivées.

545. Ces cabinets de lecture sont sous la surveillance et l'action immédiate de la police; et, nonobstant cette surveillance, sujets à toutes les visites prescrites par le règlement.

546. Il est sévèrement défendu aux libraires tenant des cabinets de lecture, de louer ou de donner à lire aucuns ouvrages contre les mœurs, ou contenant des principes subversifs de l'ordre social.

Il leur est également recommandé,

1°. De respecter les mœurs et l'innocence des jeunes gens de l'un et l'autre sexe ;

2°. D'apporter dans le choix des livres qu'ils donnent à lire toute la circonspection et la discrétion qu'exige d'eux la confiance publique.

En conséquence, il leur est enjoint non-seulement de refuser aux jeunes gens de l'un et de l'autre sexe, au-dessous de vingt ans ou dont le jugement ne leur paroît point formé, les livres capables de les détourner de leurs devoirs ; mais encore d'avertir, quand ils les connoissent, les parens, les maîtres, tuteurs, et tous autres sous la dépendance desquels ceux qui leur auroient demandé des livres dangereux pourroient se trouver ; et à défaut desdites personnes, de prévenir l'autorité locale.

547. Les contraventions et délits commis contre les dispositions ci-dessus sont punis, même pour la première fois, par la fermeture à toujours du cabinet de lecture, l'amende, la prison, et, s'il y a lieu, poursuivis criminellement et punis conformément aux dipositions des art. 287 et 334 du code pénal.

SECTION QUATORZIÈME.

Des journaux politiques et littéraires, d'annonces et avis divers.

§. Ier.

Des journaux politiques, d'annonces et avis divers.

548. Nul journal ne peut être imprimé, et circuler sans la permission du directeur général, intervenue sur l'ordre exprès émané du ministre de la police générale ; lequel ordre doit être relaté dans la permission.

549. En conséquence l'administration générale et les directeurs des postes des villes ne peuvent recevoir aucuns journaux pour les faire circuler, qu'il ne leur ait été justifié de cette permission.

550. Les propriétaires des journaux politiques, d'avis et d'annonces, sont

sont tenus, pour l'obtenir, de faire une déclaration particulière de leur intention d'établir ce journal, (indépendante de la déclaration de l'imprimeur); en indiquant leur domicile, le nom et le domicile du rédacteur, s'il y en a un particulier. Le journal doit en outre porter le nom de l'imprimeur.

551. Les journalistes, qui ne sont point imprimeurs-brevetés, ne peuvent avoir et lever d'imprimerie particulière pour leur journal. Ils doivent s'adresser à un imprimeur en exercice.

552. Les journaux politiques, d'avis et d'annonces sont assujétis au timbre.

§ II.

Journaux littéraires, de sciences ou d'arts.

553. Les journaux, de sciences ou d'arts, rentrent dans la classe des ouvrages dits de *labeurs*, et sont assujétis au timbre quand ils paroissent tous les jours et qu'ils n'ont que trois feuilles au plus.

554. Tous ceux qui ne paroissent pas tous les jours, lorsqu'ils ont plus de trois feuilles, ne sont point assujétis au timbre.

555. Ces journaux sont immédiatement et exclusivement dans les attributions du directeur général.

SECTION QUINZIÈME.

Des Souscriptions.

556. Aucun ouvrage ne peut être annoncé et proposé par souscription, qu'avec la permission du directeur général, il ne peut lui-même l'accorder que sur le vu des deux premières livraisons de l'ouvrage en manuscrit. (Ancien code, art. 18).

557. Toute souscription ne peut être annoncée et proposée que par un libraire fabriquant, garant en son propre et privé nom, des souscriptions et de la confection de tout l'ouvrage, lors même qu'il n'y auroit que l'obligation d'une simple inscription sans argent donné d'avance. (Ancien Code, art. 17).

558. Quand il doit être perçu des souscripteurs de l'argent d'avance, le libraire indique un notaire chez lequel les fonds sont, par les souscripteurs ou par lui-même, déposés au fur et à mesure de la recette.

Le libraire ne peut, sous aucun prétexte, les retenir par devers lui, et il est obligé, à toute réquisition légale, de justifier du versement successif par les quittances du notaire.

559. Le notaire ne peut, jusqu'à l'achèvement de l'ouvrage, disposer des fonds qu'il aura reçus, que jusqu'à la concurrence des sommes destinées à payer à l'auteur, suivant les conditions précédemment faites, à l'achat du papier et aux frais d'impression.

Le surplus doit rester en réserve pour servir de garantie et de caution de l'achèvement de l'ouvrage.

Le notaire, jusqu'à ce moment, ne peut, à peine de payer deux fois, vider ses mains des sommes dont il est le dépositaire.

560. Le libraire, qui publie le prospectus d'un ouvrage par souscription, doit y joindre le modèle du papier, des caractères et du format de l'ouvrage. (Ancien code, art. 19).

561. Le libraire, qui a proposé une souscription dont les engagemens n'ont pas été remplis, est obligé, quand il a reçu de l'argent d'avance, à la restitution de la totalité des sommes qu'il a reçues, sans pouvoir répéter la valeur des volumes déjà livrés, à moins que l'entreprise n'ait été arrêtée par l'effet d'une force majeure, indépendante de la volonté de l'entrepreneur; alors les souscripteurs n'ont droit seulement qu'à la restitution de l'argent des volumes qu'ils auroient payés d'avance et qu'ils n'auroient pas reçus.

562. Ne sont pas soumises aux formalités prescrites par les articles 558 559 et 561 les souscriptions dont les libraires n'ont point reçu le paiement d'avance.

563. Il n'est dû alors par le libraire, à chacun des souscripteurs, lorsque l'ouvrage est interrompu par sa faute ou par celle du propriétaire ou de l'auteur, qu'une indemnité de la valeur intrinsèque de chaque volume restant à livrer, au prix de fabrique.

564. Dans toutes les circonstances d'action civile, pour cause de

restitution ou de dédommagement, le libraire a le droit d'exercer son recours contre qui de droit, et de le faire intervenir dans l'action.

565. Il y a lieu à intervention forcée, de la part du Gouvernement, et à une indemnité proportionnée aux dommages et pertes supportées par les parties lésées, lorsque les engagemens contractés relativement à une souscription ne sont pas remplis, et que l'ouvrage est interrompu par l'effet d'empêchemens postérieurs constatés être du fait de l'autorité supérieure, et qui ne pouvoient être prévus.

SECTION SEIZIÈME.

Du commerce des cartes géographiques, de la musique et des estampes.

566. Tous ceux qui font le commerce des cartes géographiques, de la musique et des estampes, ne peuvent continuer ce commerce, et par conséquent avoir et tenir magasin ou boutique, qu'en vertu d'un brevet de confirmation approuvé par le ministre de l'intérieur et délivré par le directeur général, après avoir été inscrits sur le registre exclusivement destiné à cette inscription.

567. Ces marchands sont tenus, en outre, au serment prescrit par l'article 481.

568. Pour entreprendre ces commerces à l'avenir, les conditions et obligations imposées aux libraires de seconde classe sont obligatoires et indispensables.

569. Les géographes, les artistes, tant dans la musique que dans la gravure, qui font le commerce, ont le rang des libraires de première classe, pour la partie qui les concerne seulement; ils ont, en conséquence, le droit de graver ou de faire graver, et de fabriquer toutes les cartes géographiques et ouvrages en dépendant, toutes les œuvres de musique, toutes les estampes licites sans exception, qu'ils en soient ou non les auteurs.

570. Toutes les obligations, et défenses contenues aux articles 53 et 532, leur sont communes avec les libraires, ainsi que les formalités ordonnées par les brevets de garantie.

571. Les lois relatives au timbre de la musique continuent d'avoir leur exécution.

SECTION DIX-SEPTIÈME.

Des apprentis-libraires.

572. Les articles 375 à 382, concernant les apprentis-imprimeurs, sont communs aux apprentis-libraires, aux exceptions ci-après;

1°. Le brevet peut être fait par-devant notaires ou sous seing-privé, aux choix des parens ou tuteurs de l'aspirant; mais l'enregistrement devient indispensable pour ce dernier acte.

2°. Il ne peut être stipulé de somme à percevoir que pour les apprentis de première classe; les apprentis des deux autres classes ne sont tenus qu'à donner une portion de leur tems en services raisonnablement exigibles; ce temps ne peut excéder la moitié du temps de l'apprentissage.

(Le brevet de l'alloué-imprimeur peut servir de modèle du brevet d'apprentissage de libraire, en y faisant les changemens nécessaires et faciles à concevoir et à suppléer).

SECTION DIX-HUITIÈME.

Des commis-libraires.

573. A dater du jour de la publication du présent réglement, nul ne peut travailler comme commis-libraire qu'il ne soit reconnu en cette qualité, et porteur de l'acte qui le constate.

574. Les libraires, actuellement établis, les commis-libraires ayant actuellement plus de cinq années d'exercice, sont seuls admis à reconnoître le certificat de tous les autres commis-libraires actuellement exerçant. Les certificats de ces derniers ne peuvent cependant valoir qu'autant qu'ils ont eux-mêmes été préalablement reconnus.

575. Postérieurement à la publication du réglement, nul ne peut être reconnu et reçu comme commis-libraire, quil n'ait été apprenti.

576. Les dispositions des art. 396 à 398, relatifs aux apprentis-imprimeurs, sont applicables aux apprentis-libraires.

577. Tous les commis-libraires, qui ont actuellement plus de cinq années d'exercice sont de droit aspirans-libraires, après avoir subi l'examen exigé des libraires de première classe, ou les examens prescrits pour les libraires des autres classes.

578. Sont admissibles comme aspirans et capables d'être inscrits comme tels, les fils de libraires, et les commis-libraires qui peuvent justifier légalement avoir travaillé pendant deux années consécutives, après avoir subi l'examen ordonné par le réglement pour la classe à laquelle ils doivent appartenir.

SECTION DIX-NEUVIÈME.

Des garçons de magasin.

579. Pour être garçon de magasin il faut savoir bien lire et avoir travaillé trois années consécutives chez un libraire, ou avoir été apprenti relieur.

La durée du temps de travail ou de l'apprentissage se constate :

1° Par l'acte d'entrée chez un libraire ou un relieur, visé et légalisé par le maire de la résidence du maire du libraire ou du relieur, et enregistré ;

2°. Par l'acte constatant l'apprentissage ;

3°. Par le certificat des libraires ou des relieurs chez lesquels celui qui veut être garçon de magasin a précédemment travaillé. Ce dernier certificat doit être également visé et légalisé par le maire de la résidence du certificateur, et enregistré.

580. Après dix années de services, tout garçon de magasin peut devenir libraire de troisième classe, seulement, quand il en a les moyens. Les garçons de magasin sont reçus de préférence à tous autres, quand ils ne veulent être que colporteurs.

581. Les garçons de magasin ont le droit d'établir une bourse commune entre eux, après en avoir obtenu la permission, suivant les formes indiquées en la section X du titre V.

Les commis-libraires sont, de droit, membres de cette association, tant qu'ils ne sont pas établis.

SECTION VINGTIÈME.

Des colporteurs, crieurs, étaleurs, marchands de parchemins et de vieux papiers.

582. Le colporteur est celui qui, avec l'autorisation et sous l'inspection immédiate du préfet de police et des préfets des départemens, vend, dans les rues et chemins publics, des brochures qui n'excèdent pas six feuilles d'impression, crie et vend les lois, les arrêts et jugemens, les nouvelles à la main, revêtus des permissions exigées et toutes sortes d'almanachs permis. Le colporteur distribue aussi les annonces et avis à la main, les prospectus et autres feuilles volantes. (Ancien code, art. 70).

Il peut étaler aussi, dans la place qui lui est assignée, de vieux livres ou de vieilles brochures de peu de valeur, et faire concurremment avec les libraires, veuves de libraires et de relieurs, le commerce de vieux parchemins et vieux papiers à la rame et à la livre. (Ancien code, art. 672).

583. La permission expresse du préfet de police ou de préfet de département de la résidence est indispensable pour être colporteur, crieur, étaleur et marchand de parchemins et de vieux papiers, dont le commerce est expressément interdit à tout autre, notamment aux épiciers.

584. Le colporteur est porteur d'une commission signée de l'un ou l'autre de ces préfets, contresignée par le secrétaire général et revêtue du sceau de la préfecture. Il est en outre inscrit à la préfecture avec un numéro d'ordre sur le registre à ce destiné. (Ancien code, art. 71).

585. Pour obtenir une semblable commission il faut savoir lire.

Sont préférés pour les places de colporteurs les anciens ouvriers imprimeurs et relieurs, les garçons de magasin, et autres, tels que les commissionnaires et porte-faix qui auront été long-temps employés dans l'imprimerie, la librairie et la reliûre, lorsqu'ils ne peuvent plus travailler de leur état à raison de leur âge ou de leurs infirmités.

Ils doivent justifier, par le certificat de trois personnes connues, domiciliées et bien famées, de leurs bonnes vie et mœurs et de leurs services pendant dix ans dans l'imprimerie, la librairie ou la reliûre et autres états accessoires, dans les qualités ci-dessus exprimées. (A. code, art. 7.)

586. Au moment de la réception de sa commission, le colporteur

prête, entre les mains du magistrat qui la lui délivre, le serment de ne rien vendre de contraire aux devoirs envers le souverain et l'intérêt de l'État, ni de contraire aux bonnes mœurs.

Mention de ce serment sera faite sur la commission.

587. Le nombre des colporteurs est fixé et arrêté chaque année par le préfet de police de Paris et les préfets de départemens, suivant que ce métier peut offrir plus ou moins de moyens d'existence. (A. C., art. 71).

588. A Paris, les plus anciens et les plus infirmes colporteurs ont, seuls, et en vertu d'une permission particulière inscrite sur leurs commissions, le droit de s'arrêter et de stationner aux places les plus fréquentées. Tous les autres ne peuvent crier et vendre leurs feuilles qu'en parcourant les rues et chemins sans pouvoir s'arrêter.

Les colporteurs peuvent crier et vendre leur feuilles non-seulement dans les faubourgs mais encore dans la banlieue et même dans les départemens environnans. Ils ne peuvent retirer leurs marchandises que dans leurs demeures. (Idem).

589. Chaque colporteur doit porter sur lui, d'une manière apparente, la médaille qu'il est tenu de se procurer chez l'artiste exclusivement chargé de les fabriquer et de les vendre.

Tout colporteur arrêté sans médaille est passible de prison pour la première fois, et pour la récidive de privation de son état et de la prison. (A. C., art. 74).

590. Les médailles des colporteurs sont en cuivre et uniformes pour tout l'empire. Elles portent en relief le mot *colporteur* et sont faites et fondues, d'après le dessin approuvé par M. le conseiller d'État préfet de police, par l'artiste qu'il a choisi : cet artiste a le droit exclusif de vendre ces médailles au prix fixé et seulement sur le vu des commissions délivrées par ce préfet ou sur la demande des préfets des départemens.

Ce même artiste a aussi le droit exclusif d'y faire graver au revers les noms et numéros d'ordre de la commission de chaque colporteur. (Id.).

591. Les commissions et le numéro de chaque médaille sont renouvelés tous les ans ; les médailles sont retirées à ceux contre lesquels il existe

des rapports désavantageux sous le rapport de la conduite et des contraventions dont ils auroient pu se rendre coupables. (Idem).

592. Chaque colporteur de Paris, toutes les fois qu'il change de domicile, doit venir le déclarer à la préfecture de police et au commissaire de police de sa résidence;

Dans les départemens, aux autorités ayant l'action de la police et à la préfecture du département. (Ancien code, art. 70).

593. La médaille d'un colporteur décédé doit être reportée à la préfecture de police de Paris ou à celle de son département; le préfet décide s'il y a lieu de confier la médaille à la veuve ou à l'un des enfans du décédé, aux conditions prescrites dans l'article suivant.

594. La commission de colporteur peut être transmise aux veuves quand elles savent lire ou qu'elles ont un répondant connu capable de veiller à ce qu'elles ne vendent rien, sans s'être assurées que le contenu aux imprimés n'est pas répréhensible.

Elle peut être également transmise à l'un des enfans d'ouvriers et autres ci-dessus désignés, ou orphelins, n'importe le sexe, pourvu que l'enfant ait quinze ans révolus, qu'il sache lire et qu'il ait deux surveillans connus, répondans de sa conduite.

595. Tout individu arrêté avec une médaille de colporteur contrefaite est poursuivi et puni comme faussaire.

L'individu sur lequel est saisie une médaille non contrefaite, mais volée, est puni de prison pour un temps plus ou moins long, suivant le plus ou moins de gravité et les circonstances du délit.

Celui qui est trouvé vendant sans commission et avec une médaille qu'il n'est pas convaincu avoir volée, est puni par une amende et trois jours de prison.

La médaille, dans toutes les hypothèses, est retirée à celui sur lequel elle a été saisie, et brisée si elle est fausse, après son jugment.

596. Tout colporteur qui perd sa médaille est tenu de venir le déclarer au commissaire de police ou à l'autorité locale, et dans les 24 heures, à peine d'interdiction.

597. Les colporteurs ne peuvent avoir ni magasin, ni boutique et le commerce

commerce des livres, autres que ceux qu'ils peuvent étaler, leur est expressément interdit, à peine d'amende et de prison pour la première fois, et de privation d'état et de prison pour la récidive. (Ancien code art. 73).

598. Il sont libres de faire le commerce de vieux papier et vieux parchemins, à la charge par eux de tenir un registre timbré et paraphé par le maire ou le commissaire de police de leur domicile, de leurs achats et de leurs ventes. (Ancien code, article 6).

599. Le commerce des vieux parchemins et papiers, soit à la rame, soit à la livre est expressément interdit aux épiciers. Il est saisissable sur eux avec amende. (Ancien code art. 6).

TITRE SEPTIÈME.

Des Graveurs et Fondeurs de caractères d'imprimerie, et de tous autres graveurs sur métaux et sur bois dont les ouvrages peuvent être imprimés.

SECTION PREMIÈRE.

Des graveurs et fondeurs en caractères d'imprimerie.

§ Ier.

Dispositions particulières pour les fondeurs actuellement existans.

600. Tous les fondeurs en caractères d'imprimerie, lors même qu'ils ne seroient pas graveurs, actuellement en exercice, ont le droit de continuer leur profession, pourvu qu'ils aient un établissement équivalent à la somme de six mille francs, et en outre, à la charge d'obtenir ;

1°. Leur brevet de confirmation approuvé par le ministre de l'intérieur et délivré par le directeur général, après avoir été inscrit par l'inspecteur divisionnaire sur le registre à ce destiné.

2°. de faire enregistrer ce brevet au tribunal civil de l'arrondissement de leur domicile ;

3°. D'y prêter serment « de fidélité à S. M. l'Empereur, et de « ne graver aucuns poinçons, de ne fondre aucuns caractères « capables de préjudicier à l'intérêt de l'État ; de ne graver aucuns sceaux, timbres, griffes, marques, contre-marques et « vignettes que ceux qui les auront commandés ne leur soient « parfaitement connus ; et tellement, qu'ils puissent les représenter « à toutes réquisitions ».

601. Le brevet ne peut être refusé à un graveur-fondeur ou à un fondeur actuellement en exercice, que par des motifs tels que des poursuites par voie de police correctionnelle pour raison des délits relatifs à la profession, ou d'improbité reconnue et constatée.

602. Le fonds d'un simple fondeur n'est transmissible et cessible qu'à un graveur-fondeur actuellement exerçant, ou admis, à l'avenir, à l'exercice de la profession.

§. II.

Dispositions particulières pour les fondeurs qui cumulent actuellement l'état d'imprimeur avec leur profession.

603. Les professions d'imprimeur et de graveur-fondeur sont déclarées compatibles ; cependant ceux des fondeurs, actuellement en exercice, qui cumulent ces professions, sont tenus d'opter entre elles, et ne peuvent les exercer simultanément, à l'avenir, que par l'acquisition du fonds d'un démissionnaire ou décédé, sans veuve ni enfans, dans la profession qu'ils auroient précédemment abandonnée. Ils ne sont tenus alors qu'aux formalités prescrites pour l'admission de cette profession, sans examens préalables.

SECTION SECONDE.

Dispositions relatives aux graveurs-fondeurs admis, à l'avenir, à l'exercice de cette profession.

§. Ier.

Conditions exigées des graveurs fondeurs pour être admis à l'exercice de la profession de fondeur en caractères d'imprimerie.

604. Les graveurs-fondeurs sont réduits à dix à Paris. Dans les départemens, leur nombre est déterminé, et leur résidence fixée, suivant le besoin, d'après l'avis des préfets et le rapport de l'inspecteur divisionnaire.

605 Nul ne peut être admis à l'exercice de cette profession,

1°. Que le nombre ne soit réduit à dix; et que le nouveau récipiendaire n'ait acquis le fonds d'un fondeur démissionnaire, décédé, ou d'une veuve démissionnaire ou décédée.

2°. Qu'il ne soit en même temps graveur en poinçons, et qu'il ne puisse les frapper;

3°. Qu'il n'ait fait quatre années d'apprentissage dont il puisse rapporter le brevet.

4°. Qu'il n'ait travaillé pendant trois années comme ouvrier.

5°. Qu'il ne sache lire et correctement écrire;

6°. Qu'il n'ait produit son chef-d'œuvre et subi un examen dont le résultat soit la déclaration de sa capacité comme graveur-fondeur.

7° Qu'il ne rapporte un certificat de bonnes vie et mœurs, dans les formes prescrites par le réglement art. 319.

606. Sont exempts de produire le certificat d'apprentissage,

1°. Les fils de graveurs-fondeurs ayant travaillé trois ans comme ouvriers.

2°. Les protes, ayant plus de cinq années d'exercice, pouvant faire le chef-d'œuvre, et subir l'examen ci-après ordonnés.

§. II.

Formalités requises pour parvenir à l'exercice de la profession de graveur-fondeur en caractères d'imprimerie.

607. Lorsqu'une des dix places de graveur-fondeur à Paris, ou bien une de celles établies dans les départemens, devient vacante, le fils ou le successeur agréé du démissionnaire ou du décédé, lorsqu'il a satisfait aux conditions exigées, est admis à présenter requête au directeur général, par l'intermédiaire de l'inspecteur divisionnaire, tendante à obtenir la formation du juri destiné à prononcer sur sa capacité. Il doit justifier par les certificats annexés à sa requête qu'il a satisfait aux conditions exigées par l'article 605.

608. Le directeur général répond à la requête affirmativement, quand les renseignemens pris sur le requérant sont favorables, et que les certificats ont été trouvés en règle.

609. Le juri est composé de trois examinateurs, tous les trois graveurs-fondeurs. Le premier est nommé par le directeur général au moment où il répond à la requête ; le second est choisi par le requérant; ces deux premiers élisent le troisième.

610. Ils se réunissent d'abord hors la présence du récipiendaire pour convenir entre eux du chef-d'œuvre de gravure à lui proposer, et pour indiquer l'atelier où le chef-d'œuvre devra être fait et l'examen subi. Ce ne peut être jamais chez celui que le récipiendaire a choisi.

611. Lorsque le chef-d'œuvre est convenu, et que le temps suffisant pour le confectionner, est déterminé il est proposé au récipiendaire qui ne peut y travailler qu'en présence de l'un des examinateurs autre que celui qu'il a nommé.

612. Lorsque le chef-d'œuvre est terminé, et qu'il est agréé, le récipiendaire procède, à la réquisition de chacun des examinateurs, aux opérations de la fonderie qui lui sont prescrites.

613. L'examen terminé, les examinateurs se réunissent, hors de la présence du récipiendaire pour, prononcer affirmativement ou négativement sur sa capacité, et dresser procès-verbal du résultat de l'examen.

614. Ils adressent ce procès-verbal à l'inspecteur divisionnaire qui le transmet au directeur général avec son avis portant refus ou demande du brevet.

615. Il est dû à chaque examinateur, par le récipiendaire, autant de jetons d'argent de la valeur de 5 francs, que l'examen a duré de jours.

616. La place est mise au concours, quand le décédé ne laisse pas pas d'enfans et qu'il n'y a pas de successeur d'agréé. Les mêmes formalités prescrites pour les imprimeurs, sont suivies pour les graveurs-fondeurs.

§ III.

Du mode d'admission.

617. Le directeur général soumet à l'approbation du ministre de l'intérieur le brevet de celui qui a satisfait à toutes les conditions nécessaires pour son admission, et le remet à l'inspecteur divisionnaire pour le transmettre au récipiendaire, à la charge par celui-ci :

1°. De payer les droits portés au tarif ;

2°. De se présenter dans la huitaine du jour de la remise du brevet devant le tribunal de l'arrondissement, à l'effet d'y prêter le serment requis par l'article 600.

3°. De faire enregistrer le brevet avec la mention de l'enregistrement et de la prestation du serment sur le brevet.

(Le modèle de brevet du graveur-fondeur peut être fait sur le modèle du brevet de l'imprimeur en faisant les changemens nécessaires qu'il est facile d'effectuer.).

SECTION TROISIÈME.

Obligations et prescriptions particulières aux graveurs fondeurs en caractères d'imprimerie ; prohibitions et défenses qui leur sont faites ; droits qui leur sont attribués.

§. Ier.

Obligations préliminaires.

618. Les graveurs-fondeurs sont obligés de déclarer leur domicile et d'y

placer sur la principale porte un écriteau indicatif de leurs nom et profession.

619. Ils sont sujets et soumis à toutes les visites ordinaires et régulières prescrites, et aux visites extraordinaires prévues par le réglement ; en conséquence obligés de tenir leurs ateliers ouverts pendant les heures du travail et accessibles aux autorités compétentes et à ceux légalement chargés de les visiter, et de se conformer, en ce qui les concerne, à toutes les dispositions des sections 4e. et 5e. du titre second du réglement *concernant les obligations imposées à tous ceux compris en l'article second du réglement*, art. 68 à 70, *et aux visites*, en ce qui concerne leur profession.

§ II.

Prescriptions particulières aux graveurs-fondeurs de caractères d'imprimerie.

620. Les graveurs-fondeurs, et les fondeurs en caractères d'imprimerie sont tenus, à l'instant de la publication du réglement, de remettre au directeur général une épreuve certifiée et signée d'eux de tous les caractères dont ils ont en leur possession les frappes et les poinçons, qu'ils les aient ou non gravés. Ils ne sont cependant obligés à la remise de ces épreuves qu'autant qu'ils auroient des caractères fondus, provenant des frappes et poinçons qui ne sont plus que peu d'usage, ou qu'il leur seroit à l'avenir commandé de ces caractères.

621. Tous les caractères d'imprimerie, vignettes et objets accessoires, doivent être de matière suffisamment forte et cassante. (*Idem*).

622. Les caractères de chaque fonte doivent réunir toute la perfection que par l'art exige, et être recevables par experts, s'il survient difficultés.

623. Les fondeurs sont obligés :

1o. D'avoir et de tenir un registre coté et paraphé par le préfet de police, ou celui de leur département, sur lequel ils enregistrent toutes les livraisons de caractères qu'ils font, avec le nom, la demeure des imprimeurs auxquels elles sont destinées, ainsi que chacun des achats de vieux caractères qu'ils font journellement. ;

2°. D'adresser à l'inspecteur divisionnaire, pour être transmise au directeur général, la note exacte et certifiée d'eux véritable de tous les envois qu'ils font de Paris dans les autres départemens, ou d'un département dans un autre, en indiquant les noms et domiciles de ceux auxquels lesdits envois sont faits, la désignation et le poids de chacun des caractères y contenus ; et de n'expédier aucune fonte sans y joindre un acquit à caution. (Ancien code, art. 65).

3°. Ils doivent tenir un registre de leurs apprentis et de tous les ouvriers qui entrent ou sortent successivement de chez eux, sans pouvoir en avoir ou recevoir aucuns, s'il n'est porteur du registre exigé par la loi et le présent réglement.

624. Il est expressément défendu aux graveurs-fondeurs :

1°. De graver ni fondre aucuns sceau, timbre, griffe, chiffre, marque ou contremarque et vignettes pouvant servir aux billets d'État et généralement tous autres objets pouvant favoriser la contrefaçon ou le faux de quelques actes ou billets publics ou particuliers.

2°. De ne graver et fondre ces sortes d'objets que pour des personnes bien connues, domiciliées et qu'ils puissent représenter; et en outre à la charge d'être bien informés de l'usage et de l'emploi des caractères et autres objets fondus qu'ils auroient fournis.

625. Les graveurs-fondeurs ne peuvent livrer et fournir de caractères qu'aux seuls imprimeurs brevetés, et à leurs veuves en exercice. Cette vente leur est interdite pour toute autre personne, quelque léger que puisse être le poids des caractères demandés. (Ancien code art. 65).

Les contraventions ou délits relatifs à ces articles, sont punis par l'amende, la confiscation, la prison, l'interdiction temporaire ou définitive, suivant leur nature et gravité, et poursuivis criminellement, s'il y a lieu à accusation de faux.

§ IV.

Droits des graveurs fondeurs.

626. Aux graveurs-fondeurs seuls, lorsqu'ils sont brevetés, appartient le droit :

1°. De fabriquer les caractères d'imprimerie ;

2°. D'acheter exclusivement à tous autres, la matière provenant de vieux caractères : dans les ventes publiques elle ne peut être adjugée qu'à eux seuls.

627. En conséquence, ces achats et ventes sont sévèrement prohibés à tous autres individus qu'aux fondeurs et aux imprimeurs : les imprimeurs trouvés à cet égard en contravention sont punissables par la saisie et la confiscation des vieux caractères, et par l'amende ; et en cas de récidive, par l'interdiction temporaire. Les revendeurs saisis en contravention sont punissables par la confiscation, l'amende et la prison ; la récidive est punie par la double amende et par la prison dont la durée est également doublée.

628. Dans les trois mois de la publication du présent réglement, tous les détempteurs de vieux caractères, autres que les imprimeurs sont tenus de les vendre aux fondeurs. A l'expiration de ce délai, tous les vieux caractères trouvés chez des revendeurs sont saisissables et vendus à l'enchère aux graveurs-fondeurs.

629. Les graveurs-fondeurs brevetés, et patentés pour ce genre de commerce, ont le droit exclusif de faire le commerce et de tenir magasin des caractères, presses, casses, marbres et ustenciles d'imprimerie provenant de ventes volontaires, particulières ou publiques. Tous ces objets ne peuvent être vendus particulièrement ou être adjugés publiquement à l'enchère qu'à des imprimeursbrevetés en exercice, ou aux graveurs-fondeurs patentés pour ce genre de commerce.

630. Les graveurs fondeurs brevetés sont appelés en justice comme experts à l'effet de reconnoître et de constater les faux commis à l'aide de la gravure et de la fonderie.

631. Tout ce qui est relatif à la gravure des caractères des griffes et autres objets s'applique également à la gravure sur bois, cuivre, acier, pour

les

les vignettes, marques, griffes, chiffres, sceaux, timbres d'imprimerie et toutes autres marques et contre-marques quelconques servant à imprimer.

632. Les obligations et formalités imposées aux graveurs-fondeurs, et aux fondeurs, sont communes aux graveurs sur métaux et sur bois.

SECTION TROISIÈME.

Des apprentis, alloués et ouvriers.

§ Ier.

Des apprentis et des alloués.

633. Les graveurs-fondeurs peuvent avoir des apprentis et des alloués.

634. Les articles 375 à 381, concernant les apprentis imprimeurs, sont applicables aux apprentis graveurs-fondeurs. La gravure des poinçons fait partie de l'apprentissage.

635. Les articles 383 à 391 sont communs aux alloués des graveurs-fondeurs ; mais l'apprentissage de ces alloués n'a que la fonderie pour objet.

(Le modèle du brevet d'apprentissage, et l'acte relatif aux alloués, est le même que ceux des apprentis et des alloués imprimeurs, sauf les changemens très-faciles a faire).

§ II.

Des ouvriers.

636. Le même que l'article 392.

637. Les graveurs-fondeurs et les fondeurs en exercice, les protes ayant dix ans d'exercice, et les ouvriers travaillant depuis quinze années, sont seuls admis à les reconnaître. Ces derniers ne peuvent avoir cette faculté, qu'ils n'aient d'abord été eux-mêmes reconnus.

638. Le certificat d'un graveur-fondeur, celui d'un prote ayant dix ans d'exercice, ou de quatre anciens ouvriers compagnons, travaillant depuis quinze ans, est suffisant.

639. Le même que l'article 395.

640.
641. Les mêmes que les articles 396, 697, 398, sauf les changemens prévus et faciles à faire.
642.

(Le modèle de l'acte est le même que celui de la page 90, sauf les changemens convenables.).

643. Les graveurs-fondeurs doivent se conformer, en ce qui les concerne, à la dicipline et à la police particulière établie pour les ateliers des imprimeurs par les articles 407 à 420.

644. Les articles 426 et 427 sont communs aux graveurs-fondeurs. Les ouvriers-fondeurs sont responsables des dégâts et pertes qui peuvent survenir par leurs fautes à ceux qui les emploient.

645. Les articles 423 à 429, sont obligatoires pour les graveurs-fondeurs.

646. Les articles 430 à 434, sont déclarés communs aux ouvriers fondeurs.

TITRE HUITIÈME.

Des imprimeurs en taille douce.

SECTION PREMIÈRE.

Des attributions et de la fixation du nombre des imprimeurs en taille douce.

647. Aux imprimeurs en taille douce brevetés, appartient, exclusivement à tout autre, le droit d'imprimer en toutes couleurs et toutes sortes de gravûres en cuivre ou autres métaux, sur papier, toile, satin, peau, velin et autres matières, et généralement de faire tout ce qui dépend de la taille douce, taille d'épargne, clair-obscur et toutes autres tailles. (Lettres-patentes du premier août 1782, art. premier).

648. Les imprimeurs en taille douce sont fixés à Paris au nombre de quatre-vingt.

649. Cependant ceux actuellement en activité, et qui ont quatre presses, peuvent continuer l'exercice de cette profession, s'ils ont obtenu le brevet de leur confirmation.

650. Jusqu'à la réduction des imprimeurs en taille douce au nombre de quatre-vingt, les enfans seuls peuvent être appelés à succéder à leurs pères démissionnaires ou décédés.

651. En conséquence tous les autres titres des célibataires, des veufs et veuves sans enfans, sont, dès à présent, déclarés non cessibles et transmissibles, et supprimés au décès de chaque titulaire.

652. Le nombre des imprimeurs en taille douce, dans les départemens, est fixé et leur résidence déterminée d'après le besoin, sur l'avis des préfets et le rapport de l'inspecteur divisionnaire de chacun des ressorts.

653. Les imprimeurs en lettres et les graveurs en taille douce ont la faculté d'avoir chez eux des presses en taille douce à la charge de faire la déclaration, au bureau de l'inspecteur divisionnaire du ressort, du nombre de ces presses et du nom de l'imprimeur en taille douce qu'ils entendent employer : il peut être changé à volonté.

Chaque presse est pourvue d'un cadenat dont l'imprimeur en taille douce choisi a la clef, afin que les presses ne puissent être jamais mises en œuvre et employées que par lui et ses ouvriers. (Lettres-patentes, du premier août 1782, art. 5).

SECTION DEUXIÈME.

Dispositions particulières pour les imprimeurs en taille douce actuellement existans.

654. Tous les imprimeurs en taille douce actuellement existans sont libre de continuer l'exercice de cette profession à la charge :

1°. D'obtenir un brevet de confirmation et d'en payer les droits suivant le tarif;

2°. De le faire enregistrer au tribunal civil de l'arrondissement;

3°. D'y prêter serment « de fidélité à sa majesté, l'Empereur, et « de n'imprimer aucunes estampes, allégories, œuvres de mu- « sique, airs notés avec paroles, et paroles non notées contraires « aux devoirs des sujets envers leur souverain, à l'intérêt de « l'État, aux bonnes mœurs; ou capables, en attaquant des in- « dividus, de troubler le repos et l'honneur des familles;

4°. De la mention de son enregistrement et de la prestation du serment sur le brevet.

655. L'article 601 du réglement est commun aux imprimeurs en taille douce.

SECTION TROISIÈME.

Dispositions à ceux qui seront admis à l'avenir à l'exercice de la profession d'imprimeur en taille douce.

§ Ier.

Conditions nécessaires pour l'admission.

656. Nul ne peut, à l'avenir, exercer la profession d'imprimeur en taille douce,

1°. Qu'il n'ait vingt et un ans accomplis;

2°. Qu'il ne justifie d'un brevet d'apprentissage de quatre années;

3°. Qu'il n'ait travaillé trois ans comme ouvrier et qu'il n'en rapporte le certificat légal;

4°. Qu'il n'ait exécuté le chef-d'œuvre qui lui aura été commandé et subi l'examen requis sur sa capacité dans l'exercice de la profession;

5°. Enfin qu'il ne rapporte le certificat de ses bonnes vie et mœurs dans les formes prescrites par le réglement article 319.

§ II.

Formalités requises pour parvenir à l'exercice de la profession d'imprimeur en taille douce.

657. L'article 606 est applicable aux fils d'imprimeurs en taille douce et aux ouvriers ayant plus de cinq ans d'exercice.

658. Toutes les formalités prescrites aux graveurs-fondeurs en caractère, et toutes les conditions exigées d'eux par les articles 607 à 616 sont également exigibles de ceux qui veulent être reçus imprimeurs en taille douce, dans ce qui concerne leur état et profession seulement.

§. III.

Du mode d'admission.

659. L'art. 616 du réglement est déclaré commun aux imprimeurs en taille douce.

SECTION QUATRIÈME.

Obligations générales et particulières imposées aux imprimeurs en taille douce ; prohibitions et défenses qui leur sont faites ; commerces qu'ils peuvent cumuler avec leurs professions.

§ Ier.

Obligations générales et particulières.

660. Les articles 68 à 70 du réglement sont obligatoires pour les imprimeurs en taille douce.

661. Ils sont également soumis, en ce qui les concerne, aux visites établies, par la section cinquième du titre second du réglement.

662. Ils sont obligés d'avoir quatre presses avec les ustensiles accessoires.

663. La musique et les estampes sont sujettes aux inscriptions et déclarations auxquelles les imprimeurs en lettres sont obligés par l'article

12 du décret du 5 février 1810, et en conséquence le livre timbré, coté et paraphé, prescrit par l'article 11 du même décret, est également obligatoire pour les imprimeurs en taille douce.

664. Tout ce qui est relatif à la garantie des propriétés littéraires, à la censure, aux formalités exigées des imprimeurs en lettres par le réglement pour la mise en vente des ouvrages, s'étend aux ouvrages de musique et aux estampes.

§ IV.

Prohibitions et défenses.

665. Il est défendu aux imprimeurs en taille douce,

1°. De rien imprimer de contraire aux devoirs des sujets envers le souverain, à l'intérêt de l'État, ou aux bonnes mœurs et aussi capable de troubler le repos des familles en attaquant l'honneur des individus;

2°. D'imprimer aucune musique et aucunes estampes sans que les formalités prescrites par le réglement n'aient été remplies;

3°. D'imprimer des ouvrages qui seroient la contrefaçon d'ouvrages garantis par le gouvernement;

4°. De prêter leur nom à qui que ce soit;

5°. De retenir plus de six exemplaires de tout ce qu'ils impriment, et d'en tirer un plus grand nombre à leur profit, et à l'insçu de ceux dont ils ont la confiance. (Lettres patentes du premier août 1782, article 6);

6°. D'avoir plus d'une imprimerie;

7°. De faire travailler les apprentis et alloués comme ouvriers avant l'expiration de temps de l'apprentissage;

8°. De recevoir aucun ouvrier qui n'est pas porteur de son registre ou dont le registre n'est pas en règle.

Les contraventions ou délits relatifs à cet article sont punis par l'amende, l'interdiction temporaire, la prison et, s'il y a lieu, par les peines portées par le code pénal.

§ III.

Commerce que les imprimeurs en taille douce peuvent cumuler avec leur profession.

666. Les imprimeurs en taille douce peuvent faire le commerce de la musique, des estampes et du papier en détail seulement.

SECTION CINQUIÈME.

Des apprentis et ouvriers.

§. Ier.

Des apprentis et alloués.

667. Les imprimeurs en taille douce n'ont qu'un apprentif breveté à la fois et autant d'alloués qu'ils peuvent et veulent en avoir.

668. Les articles 375 à 391, relatifs aux apprentis imprimeurs en lettres s'appliquent aux apprentis imprimeurs en taille douce.

(Mêmes modèles de brevets sauf les changemens convenables).

§ II.

Des Ouvriers.

669. Le même que l'art. 392.

670. Le même que l'art. 393 et 638.

671. Le même que l'art. 394 et 639.

672. Le même que l'art. 394.

673. 674. 675. } Les mêmes que 395 à 398 sauf les changemens faciles à prévoir et à faire.

(Le modèle de l'acte page 90 sauf les changemens convenables.)

676. Les imprimeurs en taille douce sont tenus de se conformer en ce qui les concerne à la discipline et à la police particulière établie pour les ateliers des imprimeurs par les art. 407 à 409.

677. Les articles 426 à 434, sont déclarés obligatoires pour les imprimeurs en taille douce et communs avec eux.

TITRE NEUVIÈME.

Des Relieurs et doreurs de livres.

SECTION PREMIÈRE.

Dispositions relatives aux relieurs actuellement en exercice.

678. Tous ceux qui exercent actuellement cette profession sont admissibles à la continuer, lorsqu'ils ont obtenu le brevet de leur confirmation approuvé par le ministre de l'intérieur, et délivré par le directeur général.

679. Ce brevet ne peut être refusé que pour des motifs graves, tels que des poursuites par voie de police correctionnelle pour raison de délits relatifs à la profession, ou d'improbité reconnue et constatée.

680. Chaque relieur, porteur d'un pareil brevet, est tenu de le faire enregistrer au tribunal civil de l'arrondissement et d'y prêter serment de fidélité à S. M. l'Empereur « de n'avoir en sa possession et de ne relier « aucun livre contraire aux devoirs des sujets envers le souverain, « à l'intérêt de l'Etat et aux bonnes mœurs » (Anciens statuts et réglemens du 14 février 1750, art. 25).

681. Mention de l'enregistrement du brevet et de la prestation du serment est faite par le président du tribunal sur le brevet même.

SECTION SECONDE.

Dispositions relatives à ceux admis à l'avenir à la profession de relieur et doreur,

§ Ier.

Conditions exigées pour l'admission.

682. Nul ne peut être reçu à l'avenir,

1°. Qu'il n'ait 21 ans accomplis;

2°. Qu'il ne justifie de quatre années d'apprentissage;

3°. Qu'il n'ait travaillé trois ans comme ouvrier et qu'il n'en rapporte le certificat;

4°.

4°. Qu'il n'ait exécuté le chef-d'œuvre proposé par le juri d'examen ;

5°. Qu'il ne justifie avoir en sa possession les outils et ustensiles nécessaires à la profession ; ce qui sera constaté par les examinateurs dans le procès-verbal d'examen ;

6°. Qu'il ne soit porteur du certificat de bonnes vie et mœurs exigé par le réglement et dans les formes qu'il prescrit, art. 319.

683. Les fils de relieurs et tous les ouvriers qui pourront prouver, ou sept années de travail dans l'état, ou seulement les quatre années d'apprentissage et trois ans de travail comme ouvriers, sont admis à l'exercice de la profession et peuvent en recevoir le brevet, lorsqu'ils sont déclarés capables par le procès-verbal d'examen.

684. La preuve exigée par l'article précédent s'acquiert avec le certificat de deux relieurs établis depuis plus de sept ans, ou par celui de quatre ouvriers ayant douze ans d'exercice et reconnus tels par deux relieurs actuellement établis.

§ II.

Formalités requises pour parvenir à l'exercice de la profession de relieur.

685. Toutes les formalités prescrites par les art. 605 à 613 sont également exigibles de ceux qui veulent être admis à la profession de relieurs, pour ce qui concerne leur état et profession.

§ III.

Du mode d'admission.

686. L'art. 617 déclaré commun aux relieurs.

SECTION TROISIÈME.

Obligations générales et particulières imposées aux relieurs ; prohibitions et défenses qui leur sont faites ; commerces qu'ils peuvent faire en même temps.

§ Ier.

Obligations générales et particulières.

687. Les art. 68 à 70 du réglement sont obligatoires pour les relieurs.

688. Ils sont soumis à toutes les visites ordonnées, et obligés par conséquent, en ce qui les concerne, à tout ce que le réglement enjoint et prescrit par la section cinquième du titre second.

§ II.

Prohibitions et défenses.

689. Il est défendu aux relieurs-doreurs,

1°. De relier et dorer aucun livre contraire aux devoirs des sujets envers le Souverain, à l'intérêt de l'État, ou aux bonnes mœurs ;

2°. D'avoir plus d'un atelier ou boutique à la fois ;

3°. De faire travailler leurs apprentis ou alloués comme ouvriers, avant l'expiration du temps de l'apprentissage ;

4°. De recevoir aucun ouvrier qui n'est pas porteur de son registre, ou dont le registre n'est pas en règle.

Les contraventions et délits relatifs à cet article sont punis par l'amende et la prison ; et, en outre, pour la récidive, l'interdiction temporaire ou définitive, suivant la nature et la gravité des contraventions et délits.

§ III.

Commerces compatibles avec la reliûre.

690. Les relieurs peuvent faire le commerce de la musique, des estampes et du papier en détail. Ils sont admissibles comme libraires de troisième classe, lorsqu'ils ont travaillé trois ans chez un libraire et qu'ils peuvent le justifier par un certificat légal et authentique.

SECTION QUATRIÈME.

Des apprentis, des alloués et des ouvriers.

§ Ier.

Des Apprentis.

691. Les relieurs peuvent avoir seulement un apprenti breveté à la fois, et des alloués autant qu'ils veulent en employer.

692. Les articles 375 à 391 sont déclarés communs aux relieurs en ce qui concerne leur profession avec les modifications convenables.

(Mêmes brevets pour les apprentis et alloués relieurs que pour les apprentis et alloués imprimeurs en lettres, sauf les changemens convenables).

§ II.

Des Ouvriers.

693. Le même que l'art. 392.

694.
695.
696.
697. } Le même que { 393. 394. 395. 396. 397. 398.
698.
699.

(Le modèle de l'acte page 90 sauf les changemens convenables.)

700. Les relieurs doreurs sont tenus de se conformer, en ce qui les concerne, à la discipline et à la police particulière établie pour les ateliers des imprimeurs par les articles 407 à 420.

Les articles 426 à 434 sont déclarés obligatoires pour eux.

TITRE DIXIÈME. (1)

Des Fabricans de papiers.

SECTION PREMIÈRE.

Dispositions relatives à la fabrication du papier.

701. A l'avenir, et à commencer du jour de la publication du présent

(1) Tout ce titre est dans la lettre et dans l'esprit de l'arrêt du Conseil d'Etat du 27 janvier 1739. Les dispositions en sont adaptées aux principes et aux usages actuellement établis, ainsi qu'aux lois nouvelles relatives aux manufactures et aux fabriques.

réglement, les drapeaux, chiffons, peilles ou drilles, destinés à la fabrication des différentes sortes et qualités de papiers qui se font dans l'Empire, doivent être préparés de façon que ces matières soient parfaitement déchirées, effilochées, broyées et affinées, en se servant de pilles ordinaires, ou en y employant d'autres machines propres à ces opérations, après néanmoins avoir obtenu la permission d'en faire usage; et sans pouvoir se servir d'aucune machine tranchante, pour autre usage que pour préparer les mêmes matières à être effilochées, broyées et affinées.

702. Les pilles et autres machines servant à la fabrication de toutes sortes de papiers, même des papiers gris, trasses et cartons, et les pourrissoirs dans les moulins où l'on fait pourrir les drapeaux, sont placés dans des lieux clos et couverts.

703. Les fabricans sont tenus de faire purifier l'eau dont ils se servent, tant pour le lavage de la pâte destinée à fabriquer le papier, que pour détremper la colle, en faisant passer ladite eau dans quatre différens vaisseaux ou réservoirs, dont le dernier, au moins, sera sablé, pour la faire reposer dans les premiers, et filtrer à travers le sable du dernier.

704. L'eau, au sortir des vaisseaux ou réservoirs, est introduite dans les pilles ou autres machines servant à broyer les drapeaux, à travers d'un linge appelé *couloir*.

705. Il ne doit être mêlé avec les drapeaux ou chiffons, ou avec la pâte destinée à la fabrication des différentes sortes de papiers, même des papier gris, trasses et cartons, aucune sorte de chaux, ou autres ingrédiens corrosifs.

706. A l'avenir, les fabricans sont tenus de faire coller également les papiers de différentes sortes et qualités, destinés pour l'imprimerie, pour le tirage des estampes et pour l'écriture.

707. Ils ne peuvent se servir d'aucune graisse ou savon pour lisser les papiers.

708. Toutes les différentes sortes de papiers, qui se fabriquent dans l'Empire, doivent être des largeurs, hauteurs et poids fixés par le tarif joint au présent titre : dans le délai de six mois, à compter du jour de publication du présent réglement, toutes les formes destinées à la fabrication des papiers doivent être fabriquées et faites sur les largeurs et

hauteurs mentionnées au tarif. Ils peuvent cependant faire des papiers de largeurs et hauteurs au-dessus de celles fixées par le tarif, pour le papier appelé *Grand-Aigle*, à la charge d'augmenter le poids des rames de ces papiers, à proportion de l'augmentation dans la largeur et la hauteur des feuilles.

709. Les fabricans ne peuvent être poursuivis lorsque les feuilles de leurs papiers se trouvent de quelques lignes au-dessus ou au-dessous des dimensions portées par le tarif, et que ces augmentations ou diminutions peuvent provenir de la saison dans laquelle les papiers ont été fabriqués, et non du défaut des formes ou de la mauvaise qualité de la matière, et ne causent pas une différence, dans le poids de chaque rame, au-delà d'une quarantième partie de celui fixé par le tarif.

710. Il est ordonné aux fabricans, afin qu'à l'avenir ils ne puissent se servir d'aucunes formes défectueuses, de représenter, après le délai de six mois fixé par l'article 708, toutes leurs formes avec les cadres volans appellés *Couvertes*, aux visiteurs des départemens accompagnés de deux experts nommés par l'inspecteur divisionnaire du ressort. Ces formes, avec leurs cadres ou couvertes, lorsqu'elles sont trouvées conformes aux dimensions portées au tarif, sont marquées à feu, et le poinçon destiné à cette empreinte reste déposé chez l'inspecteur divisionnaire du ressort.

711. Les fabricans sont tenus de mettre sur le milieu de l'un des côtés de chaque feuille des différentes sortes de papiers qu'ils fabriquent, la marque ordinaire pour désigner chaque sorte de papier; et sur le milieu de l'autre côté de ladite feuille, en caractères de quatre à six lignes de hauteur, la première lettre du prénom et le nom en entier du fabricant avec l'un de ces mots, aussi en entier, *Fin*, *Moyen*, *Bulle*, *Vanant* ou *Gros-bon*, suivant la qualité du papier : le nom du département, avec l'année de la fabrication, doivent être mis à l'extrémité de chaque feuille; cette disposition est de rigueur : les papiers sur lesquels ne se trouve point tout ce que prescrit le présent article, sont susceptibles de saisie et de confiscation, avec amende.

712. Les veuves des fabricans, qui, après le décès de leur mari, veulent continuer à faire fabriquer des papiers, sont tenues de mettre le mot, *Veuve*, en entier, avant la première lettre du prénom, et du nom en entier de leur mari; les fils de fabricans, qui ont le même

prénom que leur père actuellement vivant, et qui, après leur réception à l'exercice de cette profession, fabriquent ou font fabriquer des papiers pour leur compte particulier, ajoutent le mot, *Fils*, en entier, après la première lettre du prénom et du nom de leur père.

713. Sont tenus les fabricans de trier ou faire trier exactement les feuilles dont chaque main de papier doit être composée; de mettre le *fin* avec le *fin*, le *moyen* avec le *moyen*, le *bulle* avec le *bulle*, le *vanant* ou *gros-bon* avec le *vanant* ou *gros-bon* selon leur qualité, sans qu'il y ait aucun mélange de papiers de différentes qualités dans une même main, ni dans une même rame, ni des feuilles trop minces, trop courtes, trop étroites, des feuilles cassées, trouées, ridées, ou autrement défectueuses.

714. Toutes les feuilles de papier dont chaque main est composée, doivent être d'une égale largeur.

715. Il est permis aux fabricans:

1°. De vendre en cahiers, de quelque qualité que ce soit, les papiers sains, entiers et parfaits qu'ils peuvent retirer des feuilles de papiers cassés ou autrement défectueux, sans néanmoins qu'ils puissent mêler, dans lesdits cahiers, du papier *fin* avec du *moyen*, ou d'autres qualités inférieures, ni des papiers *forts* avec des papiers *foibles*;

2°. De vendre les papiers cassés, troués, ridés ou autrement défectueux, par demi-feuilles, en paquets et au poids, sans qu'ils puissent en composer des mains, des rames, ni même des cahiers, ni que ces papiers puissent être envoyés dans les pays étrangers, sous quelque prétexte que ce soit.

716. Dans trois mois, à compter du jour de la publication du réglement, les fabricans et les marchands de papiers en gros et en détail, sont tenus de faire trier les papiers des différentes sortes et qualités qu'ils ont dans leurs moulins, boutiques et magasins, pour être les feuilles cassées, trouées, ridées, ou autrement défectueuses, tirées des rames.

717. La rame de toutes sortes de papiers est composée de vingt mains, chaque main de vingt-cinq feuilles, non compris les feuilles d'enveloppe, qui se mettent dessus et dessous: chaque rame, outre lesdites feuilles

d'enveloppe, est recouverte de deux feuilles de gros papier appelé *Maculature*; sur l'une desquelles sont marqués, en caractères lisibles,

1°. La sorte du papier dont la rame est composée, en distinguant les qualités de *Fin*, *Moyen*, *Bulle*, *Vanant*, ou *Gros-bon*;

2°. Le poids de ladite rame, sans y comprendre les enveloppes;

3°. Le nom en entier du département où les moulins sont situés;

4°. Les prenom et nom du fabricant aussi en entier.

718. Cependant, six mois après la publication du réglement, il est permis aux fabricans de vendre et débiter pendant dix-huit mois, à compter du jour de l'expiration du délai de six mois accordé par l'article 708, les papiers qui se trouveroient encore dans leurs moulins et magasins, sans être conformes au tarif; à la charge par ces fabricans, de faire aux visiteurs des départemens, dans le premier mois, leur déclaration de la quantité de différentes sortes des papiers étant en leur possession : ceux-ci en dressent procès-verbal, et l'envoyent directement à l'inspecteur divisionnaire du ressort de la situation des moulins ou magasins : ces délais expirés, tous les papiers non conformes au tarif, trouvés dans ces moulins et magasins, sont saisis et confisqués.

719. Pareille faculté est accordée, et pour le même temps, aux marchands détaillans, en faisant la déclaration ci-dessus prescrite, et pour laquelle il en sera usé de même qu'à l'égard des fabricans.

720. Sont cependant exceptés les papiers demandés à l'étranger. Ces papiers peuvent être fabriqués des sortes, largeurs et hauteurs et poids demandés, à la charge par les fabricans d'en faire la déclaration écrite à l'inspecteur divisionnaire du ressort, et d'obtenir sa permission aussi écrite, dans laquelle il est fait mention des qualités et quantités de papiers à fabriquer.

721. Lors de l'expédition de ces papiers, il est fait, par le fabricant expéditeur, une déclaration de leurs quantités, qualités et poids : cette déclaration est remise au bureau de la douane frontière, et envoyée par duplicata à l'inspecteur divisionnaire du ressort.

722. Tous les cartons sont faits des largeurs, hauteurs et poids demandés par ceux qui les emploient. Ils ne peuvent être composés que

de vieux papiers, rognures des cartes et papiers, sans mélange, pour cette fabrication, d'aucunes sortes de drapeaux, chiffons, peilles et drilles.

723. Chaque inspecteur divisionnaire fait dresser, par les visiteurs des départemens de son ressort, le tableau des fabricans de papiers propriétaires ou locataires des moulins existans, et en exercice dans chaque département, et en adresse la copie, de lui certifiée, au directeur général.

TARIF du poids que doivent avoir chacune des rames pour les différentes sortes de papiers qui se fabriquent dans l'Empire ; de leurs dimensions en hauteur et en largeur, quelque soit la qualité du papier, fin, moyen, bulle, venant ou gros bon.

NOMS DES PAPIERS.	DIMENSIONS.		POIDS.	
	Hauteur. M.	Largeur. M.	K	K
Grand-Aigle	0,666	0,984	59	à 68,000.
Grand-Soleil	0,668	0.972	51,345.	53,790.
Soleil	0,548	0,795	40,098.	41,565.
Grande-Fleur-de-Lys	0,594	0,837	....	35,208.
Grand-Colombier ou impérial	0,573	0,955	....	44,010.
Grand-Chapelet	0,594	0,849	....	32,274.
Chapelet	0,546	0,783	....	29,340.
Grand-Jésus ou Super. royal	0,525	0,702	24,939.	25,917.
Petite-Fleur-de-Lys	0,513	0,648	17,604.	18,582.
Grand-Lombard	0,540	0,660	....	16,626.
Grand-Royal	0,479	0,610	15,648.	16,137.
Royal	0,432	0,594	14,670.	15,648.
Petit-Royal	0,432	0,540	....	10,758.
Grand-Raisin double	0,459	0,610	17,115.	18,582.
Grand-Raisin simple	0,459	0,610	12,714.	13,692.
Lombard	0,486	0,575	....	11,736.
Lombard ordinaire ou Grand-Carré	0,444	0,552	10,269.	10,758.
Cavalier	0,436	0,525	....	8,313.
Double Cloche	0,390	0,577	....	8,802.
Grande-Licorne à la cloche	0,924	0,513	....	5,868.
A la Cloche	0,288	0,390	....	4,401.
Carré ou Grand-Compte, ou Carré au raisin double	0,417	0,540	12,514.	13,203.
Carré ou Grand-Compte, ou Carré au raisin simple	0,417	0,540	8,313.	8,802.

Carré

NOMS DES PAPIERS.	DIMENSIONS.		POIDS.	
	Hauteur.	Largeur.		
	M.	M.	K	K.
Carré très-mince	0,417	0,540	à	6,357.
Papier-au-Sabre	0,417	0,540	8,313	8,801.
Écu double	0,382	0,513		10,269.
Écu simple	0,382	0,513	7,824	8,813.
Écu très-mince	0,382	0,513		5,379.
Au Coutelas	0,382	0,513	7,824	8,313.
Grand-Messel	0,405	0,513		7,385.
Second-Messel	0,378	0,471		5,864.
A l'Etoile	0,371	0,498		6,846.
Grand-Cornet double	0,263	0,477		6,846.
Idem simple.	0,353	0,477		5,864.
A la main	0,363	0,546		6,357.
Couronne ou Griffon double	0,351	0,461		6,846.
Idem simple.	0,351	0,461		6,864.
Idem très-mince.	0,351	0,461		3,423.
Champy	0,355	0,452		5,864.
Tellière double	0,355	0,467		6,846.
Idem simple.	0,355	0,467		5,864.
Cadran	0,340	0,411		5,864.
La Tellière	0,330	0,432		5,864.
Pantalon	0,33[illegible]	0,432		5,379.
Petit-Raisin ou Bâton royal, ou Petit Cornet à la grande sorte	0,324	0,432		4,890.
Les trois O ou trois Ronds, ou Gênes	0,309	0,432		4,401.
Petit Nom-de-Jésus	0,297	0,407		3,912.
Aux armes d'Amsterdam	0,326	0,417	5,864	6,357.
Cartier, grand format	0,336	0,432		6,357.
Cartier	0,309	0,407	5,379	5,864.
Au Pot, ou Cartier ordinaire	0,309	0,390		4,890.
Pigeonne ou Romaine	0,278	0,409		4,890.
Espagnol	0,309	0,390	3,912	4,401.
Le Lys	0,309	0,380	4,401	4,890.
Petit à-la-Main, ou Main-Fleurie	0,286	0,367		3,912.
Petit Jésus	0,255	0,357	3,423	2,934.
Serpente / Tresse	Suivant les hauteurs, largeurs et poids demandés, à volonté.			

Nota. Je laisse subsister la nomenclature comprise dans l'Arrêt du Conseil de 1739, ainsi que leurs dimensions et poids, tels qu'ils existoient alors, quoiqu'il soit, peut-être, survenu des changemens. L'Etat actuel des manufactures exige peut être aussi d'autres ou de nouvelles prescriptions. Il conviendra donc, pour la rédaction définitive de ce titre, de consulter quelques Fabricans probes et éclairés des Départemens principaux, où les fabriques sont situées.

SECTION SECONDE.

Conditions imposées pour continuer la profession de fabricant de papier, ou pour l'exercer à l'avenir.

§ Ier.

Conditions imposées à ceux actuellement en exercice.

730. Sont réputés fabricans de papiers, tous ceux qui font actuellement fabriquer du papier en leur nom, dans des moulins à eux appartenant, ou qu'ils tiennent à loyer ; sans qu'aucuns puissent devenir fabricans de papiers à l'avenir, qu'après avoir fait apprentissage, et satisfait aux autres formalités prescrites par le réglement.

731. Les fabricans de papiers, actuellement en exercice, ne peuvent continuer d'exercer cette profession qu'il ne leur ait été délivré par le directeur général un brevet de confirmation soumis à l'approbation du ministre de l'intérieur, après avoir été inscrit par l'Auditeur du Conseil d'État qui en est chargé sur le registre à ce destiné.

732. Lors de la réception de ce brevet chaque fabricant est tenu de le faire enregistrer au tribunal civil de son arrondissement, et d'y prêter le serment « de fidélité à S. M. l'Empereur, et d'exercer son état avec « honneur et probité, en se conformant strictement à tout ce que le ré« glement ordonne relativement à sa profession ».

Mention de l'enregistrement du brevet et de la prestation du serment est faite par le président du tribunal, ou par un juge en son absence, sur le brevet même.

§ II.

Conditions indispensables à l'avenir pour être admis à exercer la profession de fabricant de papiers.

733. Ceux qui se destinent à la profession de fabricant de papiers, et veulent à l'avenir y être admis, doivent avoir vingt-un ans accomplis, et produire :

1°. Leur acte de naissance ;

2°. Le brevet de leur apprentissage ;

3°. Le certificat du temps qu'ils ont travaillé comme ouvriers,

4°. Le procès-verbal qui constate leur capacité ;

5°. Le certificat de bonnes vie et mœurs exigé par l'art. 319 du réglement.

734. Sont exempts de produire le certificat d'apprentissage les fils de fabricans qui ont travaillé trois ans comme ouvriers, ainsi que tous les ouvriers pouvant justifier qu'ils travaillent depuis dix ans, lorsque leur capacité peut être reconnue et constatée par l'examen ci-après ordonné pour être admissibles à l'exercice de fabricans de papiers, et s'ils ont les moyens suffisans.

735. Les ouvriers doivent prouver leur temps de travail en cette qualité, d'après les formes établies par les articles 393, 638.

§ III.

Formalités requises pour parvenir à l'exercice de la profession de fabricant de papiers.

736. Les articles 605 à 613 sont déclarés communs aux fabricans de papiers.

§ IV.

Du mode d'admission.

737. Le même que le 617.

SECTION TROISIÈME.

Obligations et prescriptions.

738. Les articles 68 à 70 et 615, sont obligatoires pour les fabricans de papiers.

739. Les visiteurs des départemens, en conformité des ordres écrits de l'inspecteur divisionnaire, tant avec un expert spécial par lui nommé et assermenté avant d'entrer en fonctions, qu'en la présence du maire de la résidence, font la visite des moulins et magasins à papiers établis dans

les villes et les campagnes : l'inspecteur divisionnaire est obligé d'y faire procéder, au moins quatre fois l'année, et plus souvent quand le service le requiert, ou qu'il soupçonne y avoir lieu à des contraventions ou à des délits.

740. Les papiers, trouvés non conformes au tarif, ou non marqués du nom et autres signes exigés du fabricant, ainsi qu'ils sont prescrits par l'article 720, sont saisis et enlevés : la confiscation en est poursuivie devant le tribunal civil de l'arrondissement par voie de police correctionnelle.

741. Ces papiers sont vendus à l'enchère, après avoir été timbrés aux frais du contrevenant, et ne peuvent plus servir que pour affiches, placards, annonces et avis divers, à peine de saisie, de confiscation et d'amende contre ceux qui les emploieroient à d'autre usage.

742. Les fabricans de papier sont obligés :

1°. D'avoir un registre timbré, coté et paraphé par le sous-préfet de leur arrondissement, destiné à inscrire toutes les livraisons de papiers qu'ils font, avec le nom et la demeure des parties prenantes auxquelles ces livraisons sont expédiées ;

2°. De tenir un registre de leurs ouvriers, apprentis, alloués et autres employés, qui entrent et qui sortent successivement de chez eux, sans pouvoir en avoir ou recevoir aucun, s'il n'est porteur du registre exigé par la loi et le présent réglement.

SECTION QUATRIÈME.

Prohibitions et défenses.

§ Ier.

Prohibitions et défenses particulières aux fabricans.

743. Il est défendu aux fabricans de papiers ;

1°. De se servir d'aucune machine tranchante autrement que pour préparer les drapeaux, chiffons, peilles et drilles propres à être effilochées, broyées et affinées ;

2°. De fabriquer aucuns papiers et cartons dans des moulins

dont les piles ou autres machines et le pourrissoir seroient à découvert, et exposés aux injures de l'air et à la poussière ;

3°. De contrefaire les papier de l'Etat et les signes et marques des autres fabricans, comme de mettre sur les papiers le nom d'un autre fabricant ou même un nom supposé.

4°. De faire fabriquer du papier ailleurs que dans les moulins dont ils sont propriétaires ou locataires ;

5°. De faire usage de formes non marquées de la marque ordonnée par l'article 710. Les formes en contravention anx dimensions portées au tarif, sont saisies et brisées en vertu de jugement.

6°. De marquer les papiers d'une qualité inférieure comme étant d'une qualité supérieure ;

7°. De rogner leurs papiers en hauteur ou en largeur ;

8°. De fabriquer et faire fabriquer, vendre et débiter des papiers d'autres forces et qualités, ni d'autres largeurs, hauteurs, et poids, que celles fixées par le tarif, pages 152 et 153, et que ces papiers ne soient conformes à ce qui y est prescrit ; comme aussi de vendre ni débiter, sous quelque prétexte que ce soit, les papiers cassés et de rebut, autrement qu'en la manière prescrite par l'article 721 ;

9°. D'acheter, vendre ni débiter aucune des différentes sortes de papier, qu'ils ne soient des largeurs, hauteurs et poids fixés par le tarif, et conformes à ce qui s'y trouve ordonné ; comme aussi d'acheter, vendre ni débiter, sous quelque prétexte que ce soit, les papiers cassés et de rebut, autrement qu'en la manière prescrite par l'article 721.

10°. De débaucher respectivement les ouvriers des autres fabriques par la promesse de gages plus forts ;

11°. De vendre à d'autres, qu'à des fabricans, ou d'exporter en fraude à l'étranger aucunes matières réduites en pâte, et propre à fabriquer du papier.

744. Les contraventions et délits relatifs aux articles 735 à 743 sont punis par l'amende, la confiscation des objets fabriqués en contravention, la prison, les peines portées au code pénal, et l'interdiction temporaire ou définitive suivant la nature et la gravité des contraventions et délits.

§. II.

Défenses particulières à tous ceux qui ne sont pas fabricans de papiers.

745. Il est défendu à tous particuliers, autres que les fabricans :

1°. D'acheter, pour revendre, aucuns vieux linges, vieux drapeaux, peilles ou drilles, servant à la fabrication du papier, et à tous merciers et colporteurs d'en acheter dans la distance d'une lieue de chaque moulin à papier, sous tel prétexte que ce soit, à peine de confiscation et d'amende.

2°. D'acheter, sous quelque prétexte que ce soit, aucunes matières réduites en pâte, propres à fabriquer du papier.

SECTION CINQUIÈME.

Des veuves de fabricans.

746. Les veuves des fabricans jouissent des mêmes droits que leurs maris, et peuvent continuer de faire fabriquer des papiers tant qu'elles restent en viduité, sans pouvoir faire d'apprentis.

747. Elles sont déchues de ce droit lorsqu'elles se remarient à un autre qu'à un fabricant en exercice, ou à un individu ayant les qualités requises pour être admis à l'exercice de cette profession.

SECTION SIXIÈME.

Des enfans mineurs de fabricans, lorsque la fabrique se trouve sans chef, soit par le décès du fabricant, soit par le mariage ou le décès de la veuve.

748. La fabrique, dépourvue de chef par le décès du fabricant, le décès ou le mariage de la veuve ayant des enfans mineurs, est gérée conformément aux dispositions des articles 360 à 370 inclusivement du réglement.

SECTION SEPTIÈME.

Des apprentis et alloués ; des ouvriers.

§. Ier.

Des apprentis et alloués.

749. Les fabricans de papier peuvent avoir des apprentis et des alloués.

750. L'apprentissage, pour les uns comme pour les autres, est de quatre ans.

751. Les apprentissages des premiers est constaté par un brevet devant notaires ; celui des seconds, par un acte sous-seing privé sujet à l'enregistrement.

752. Les apprentis et les alloués ne peuvent être admis au bénéfice de ces actes qu'après douze ans révolus.

753. L'apprenti, bréveté devant notaires, est le seul qui puisse parvenir à exercer la profession de fabricant, après avoir satisfait aux conditions imposées par le réglement.

754. Les apprentis et les alloués sont tenus de demeurer chez le fabricant avec lequel ils ont contracté, et de le servir fidèlement. Ceux qui quittent la fabrique avant l'expiration des quatre années de leur engagement sont déchus ; les apprentis de la faculté de s'établir comme fabricans, et les alloués de travailler comme ouvriers.

755. Le fabricant qui quitte sa fabrique avant que le terme de l'engagement de ses apprentis et alloués, soit expiré, doit les faire agréer par son successeur ou par tel autre fabricant, qu'il jugera convenable, pour le reste de ce temps.

756. Pareille mesure est observée lors du décès d'un fabricant. La veuve est tenue de les garder ou de les placer. S'il n'y a pas de veuve ni d'enfans, et que la fabrique passe en d'autres mains, le

visiteur du département pourvoit au placement des ouvriers, apprentis, et alloués, après avoir pris les ordres de l'inspecteur divisionnaire (1).

757. Les fabricans ne peuvent stipuler de condition pécuniaire qu'à l'égard de l'apprenti breveté pardevant notaires.

758. Les articles 379, 380, 381, 382 sont déclarés communs aux fabricans de papiers.

§ II.

Des ouvriers.

759. A dater de la publication du réglement, nul ne peut travailler comme ouvrier dans les fabriques, qu'il ne soit reconnu en cette qualité et porteur du registre où doit etre inscrit le certificat qui le constate.

760. Ce certificat est donné par le fabricant chez lequel l'ouvrier travaille actuellement, en suivant le mode établi par l'article 393.

761. Le visiteur du département fait, lors de la première visite, la liste de tous les ouvriers papetiers du département, et vise le registre de chacun d'eux.

762. A chacune des visites subséquentes, il fait le récolement de sa liste avec les changemens survenus.

763. Il envoie, chaque fois, copie de cette liste certifiée de lui, à l'inspecteur du ressort.

764 A l'avenir, nul ne peut être admis à travailler comme ouvrier qu'il n'ait été apprenti ou alloué, et rempli le temps de son engagement.

765.
766. } Les mêmes que 396, 397, 398.
767.

(Les modèles des actes, pages 86, 88, 90, peuvent servir aux apprentis, aux alloués et aux ouvriers-papetiers, sauf les changemens convenables).

---

(1) On pourroit imposer au nouveau fabricant la condition de prendre les ouvriers, les apprentis et les alloués travaillant actuellement dans la fabrique, pourvu qu'il n'y eût pas de reproches à leur faire, sous le rapport de la probité et de la conduite.

SECTION

SECTION HUITIÈME.

Police des ateliers.

Dispositions particulières, relatives à leur discipline et à leur police.

768. Les alloués, les apprentis brevetés, les ouvriers et contre-maîtres des fabriques de papiers, sont sous la surveillance immédiate des autorités ayant l'action de la police.

769. Nul ouvrier ne peut, sous aucun prétexte, être admis à travailler dans une manufacture, qu'il ne soit porteur du registre timbré qui constate son état d'ouvrier-papetier. Il est défendu expressément aux fabricans d'en recevoir aucuns sans cette formalité de rigueur.

770. En tête de ce registre sont imprimés :

1°. Les articles 6 à 15 de la loi du 22 germinal an XI, relative aux manufactures, fabriques et ateliers.

2°. Les dispositions de cette section du réglement, contenues articles 768 à 784.

771, 772, 773. Les articles 410 à 420 inclusivement, sont déclarés communs aux ouvriers fabriquant le papier.

774. Les fabricans pourront employer ceux de leurs compagnons qu'ils jugeront à propos, à celles des fonctions de la fabrication du papier qu'ils trouveront leur être plus profitables, sans qu'aucuns desdits ouvriers puissent s'y refuser sous quelque cause, ni prétexte que ce soit.

775. Il est défendu aux ouvriers de quitter le fabricant chez lequel ils travaillent pour aller ailleurs, qu'ils ne l'aient averti six semaines d'avance, en présence de deux témoins, à moins que le fabricant ne consente d'inscrire cet avertissement sur le registre de l'ouvrier qui demande son congé.

776. De même les fabricans ne peuvent renvoyer leurs ouvriers sans le même avertissement donné également six semaines d'avance, et inscrit sur le registre de chacun de ces ouvriers, à moins de causes et de motifs légitimes, lesquels sont jugés sans délai et sans frais, et sur une simple citation, par le juge de paix de l'arrondissement.

777. L'absence de tout ouvrier qui abandonne, par inconduite,

cabale ou tout autre motif, le fabricant chez lequel il travaille, sans le prévenir, doit être dénoncé à l'autorité locale par celui-ci, dans les 24 heures, afin qu'il soit pris, à son égard, les mesures de police convenables.

A défaut de cette déclaration, le fabricant est civilement responsable des délits dont l'absent pourroit se rendre coupable.

778. Le fabricant est encore tenu, sous sa responsabilité, des désordres et tumultes qui peuvent survenir dans ses ateliers, lorsqu'il n'en fait pas, sur-le-champ, son rapport à l'autorité compétente.

779. Les ouvriers sont responsables des dégâts qu'ils commettent, et tenus, par corps, aux dédommagemens et indemnités envers le fabricant.

780. Les ouvriers-papetiers sont tenus de faire le travail de chaque journée, moitié avant midi, et l'autre moitié après midi, sans pouvoir forcer le travail ni l'abandonner pendant le courant de la journée sans la permission expresse du fabricant.

781. L'heure du travail est fixée, pour le commencer, en Hiver à cinq, et en Eté à trois heures du matin. Il est défendu aux fabricans de les y admettre avant cette heure.

782. Il est défendu aux ouvriers de maltraiter et empêcher de travailler les apprentis et ouvriers reconnus comme tels et porteurs de leurs brevets et registres, et que les fabricans jugeroient à propos de recevoir dans leurs ateliers.

783. Les articles 430 et 434 sont déclarés communs aux ouvriers-papetiers.

784. Les contraventions et délits commis par les ouvriers-fabricans sont punis par l'amende, la prison d'une durée plus ou moins longue, avec l'application des autres peines prévues par le code pénal.

SECTION NEUVIÈME.

Bourse commune.

785. Il est libre aux ouvriers-papetiers d'un département, lorsqu'ils sont assez nombreux, d'établir une bourse commune pour le soulagement des infirmes et des vieillards, sous la surveillance immédiate du préfet et l'inspection d'un délégué par lui commis à cet effet, en se conformant d'ailleurs aux dispositions des articles 435 à 469.

TITRE ONZIÈME.

TABLEAU ANALYTIQUE

Des contraventions, délits et crimes qui peuvent être commis par les Imprimenrs, les Libraires et tous ceux qui sont assujétis à l'observation de ce Réglement.

SECTION PREMIÈRE.

786.

CONTRAVENTIONS.	AMENDES ET PEINES.
§. Ier. *Contraventions communes à toutes les professions.*	
Manque de respect envers les autorités et les visiteurs en fonctions.	3 à 15 jours d'emprisonnement; 1000 à 500 fr. d'amende suivant la gravité des circonstances. *Récidive :* interdiction définitive; double amende, un mois d'emprisonnement.
Exercice de l'une des professions, autres que l'imprimerie, comprises au réglement sans autorisation ni brevet.	Saisie et confiscation des objets servant à l'exploitation en contravention, 2000 fr. d'amende. *Récidive.* Saisie et confiscation. Double amende. Emprisonnement dont la durée ne peut excéder un mois. (S'il y a saisie d'objets prohibés, il y a délit ou crime suivant la nature de l'objet confectionné, le délit ou crime est poursuivi correctionnellement ou par la voie criminelle).

Contraventions.	*Amendes , etc.*
Défaut de déclaration du domicile, ou de la situation des ateliers , magasins et dépôts.	Interdiction de trois mois, 1000 fr. d'amende. *Récidive :* interdiction définitive , double amende.
Défaut d'écriteau sur la principale porte d'entrée de domicile.	300 francs d'amende. *Récidive :* double amende.
Ateliers et magasins tenus fermés à clef pendant le travail, ou établis dans des endroits écartés , non accessibles et pouvant favoriser une fabrication ou un commerce clandestins.	Interdiction de trois mois , 1000 f. d'amende. *Récidive :* interdiction définitive , double amende.
Défaut du registre timbré , coté et paraphé de la part des imprimeurs , des imprimeurs en taille douce, des fondeurs et des fabricans de papiers.	1000 francs d'amende. *Récidive :* interdiction de trois mois, double amende. (S'il y a lieu à une troisième contravention , double amende ; interdiction définitive , comme incapable ou de mauvaise foi).
Défaut des autres registres ordonnés par le réglement. Tenue défectueuse et irrégulière de ces registres. Défaut d'inscription des ouvriers , apprentis et alloués sur le registre qui doit être tenu à cet effet.	300 fr. d'amende. *Récidive* : interdiction de trois mois , double amende. Pour 3.e contravention , double amende ; interdiction définitive, comme incapable ou de mauvaise foi.

Contraventions.	*Amendes, etc.*
Admission d'ouvriers dans les ateliers pour y travailler sans être porteurs du registre exigé par la loi, ou dont le registre n'est pas en règle.	Dommages et intérêts de la part du contrevenant envers l'imprimeur dont l'ouvrier ou les ouvriers auroient été reçus sans registre, s'il y a, de la part de ce dernier, déclaration et plainte d'absence conformément au réglement; 1000 fr. d'amende; interdiction de 3 mois. *Récidive :* dommages-intérêts envers la partie plaignante, double amende. Interdiction définitive. (Si l'ouvrier a été employé à des ouvrages prohibés, l'interdiction est définitive, lors même qu'il n'y a pas de récidive, l'amende est de 2000 fr. sans préjudice des poursuites par voie de police correctionnelle ou criminelle).
Apprentis et alloués reçus à travailler comme ouvriers, avant l'expiration du temps de leur apprentissage.	300 francs d'amende. *Récidive :* double amende.
Défaut de la déclaration tendante à constater l'absence d'un ouvrier qui quitte l'atelier dans lequel il travaille, sans avoir fait viser son registre et par conséquent sans s'être fait déclarer libre de travailler ailleurs. Défaut de déclaration de l'absence des apprentis et des alloués.	300 fr. d'amende. *Récidive :* double amende; 100 f. de plus à chaque nouvelle contravention; sauf les dommages-intérêts dus par l'imprimeur qui a reçu ces ouvriers ou apprentis, s'il y a partie plaignante. (Si l'apprenti ou les apprentis ont été enlevés d'une autre imprimerie, même peine que ci-dessus).

Contraventions.	*Amendes, etc.*
Défaut de dénonciation, dans les 24 heures, des tumultes et désordres survenus dans les ateliers.	300 fr. d'amende, responsabilité des suites des tumultes et désordres, par dommages-intérêts ; poursuites correctionnelles ou criminelles, quand il y a lieu.
Coalition contre les ouvriers pour les forcer au travail à un prix au-dessous de celui précédemment établi.	Un mois d'emprisonnement, de 1000 à 3000 fr. d'amende suivant la nature et la gravité du délit.
Débauchage d'ouvriers des ateliers où ils travaillent par l'appât d'un plus grand salaire, ou de plus grands avantages.	Interdiction d'un mois ; 2000 fr. d'amende. Dommages-intérêts envers celui dont les ouvriers ont été débauchés, à donner par déclaration. *Récidive :* interdiction de six mois, double amende sans préjudice des dommages et intérêts.
Exploitation de plusieurs établissemens à la fois.	Saisie et confiscation de tous les établissemens, à l'exception du plus ancien. *Récidive :* saisie de tous, sans distinction ; 1000 fr. d'amende ; interdiction définitive.

§ II.

Contraventions par les Imprimeurs.

Etablissement du domicile ailleurs que dans la maison où est établie l'imprimerie.	Interdiction jusqu'à l'établissement du domicile dans la maison où l'imprimerie se trouve située.

Contraventions.	*Amendes, etc.*
Impression d'ouvrages répréhensibles, prohibés comme tels.	Saisie et confiscation ; 3000 fr. d'amende ; interdiction définitive ; sans préjudice de la poursuite au criminel ou de l'application, s'il y a lieu, aux peines prononcées par le code pénal.
Défaut de représentation des récépissés, licences et pouvoirs.	Saisie et confiscation des ouvrages, même chez l'auteur ou le libraire : 1000 fr. d'amende. *Récidive :* double amende et interdiction définitive, sans préjudice de la saisie et de la confiscation de l'ouvrage imprimé sans les formalités requises.
Omission du nom sur les ouvrages imprimés.	1000 fr. d'amende. *Récidive :* double amende. (Si l'ouvrage sur lequel le nom est omis, est un ouvrage suscesptible de saisie et de confiscation, de 1000 à 3000 fr. d'amende. Interdiction de six mois, et même définitive, selon la nature et la gravité des circonsances ; cette contravention rentre alors dans la série des délits ou des crimes). (S'il n'y a lieu, la première fois, qu'à une interdiction temporaire, parce que l'ouvrage n'étoit susceptible que de saisie et de confiscation, lors de la *récidive*, interdiction définitive, et trois mois d'emprisonnement).

Contraventions.	*Amendes, etc.*
Omission du nom, du chiffre ou de la marque sur les casses, presses et autres ustensiles d'imprimerie.	300 fr. d'amende, s'il n'y a pas eu de déplacement. (S'il y a eu déplacement des objets non marqués, trouvés dans une imprimerie autorisée, semblable amende tant envers le prêteur qu'envers l'emprunteur; ces mêmes objets trouvés dans un atelier non autorisé sont saisis et confisqués, nonobstant toute réclamation et revendication. Le réclamant est en outre condamné à l'amende de 500 f. sans préjudice de l'amende de 3000 fr. et de l'emprisonnement, encourus par celui sur lequel les objets auront été saisis).
Imprimerie incomplette.	Suppression de l'imprimerie et retrait du brevet, après les avertissemens donnés conformément au réglement.
Impression de journaux, annonces, avis susceptibles de timbre, non timbrés.	L'amende prononcée par la loi. *Récidive :* double amende, interdiction définitive.
Prête-nom à l'aide duquel un fonctionnaire public salarié exerce l'état d'imprimeur. Emprunt ou prêt du nom pour exercer ou faciliter à un autre l'exercice de l'imprimerie.	Saisie et confiscation; 2000 fr. d'amende envers tous les contrevenants.
Imprimeries clandestines.	Saisie et confiscation, 3000 fr. d'amende. *Récidive :* saisie et confiscation; double amende, six mois de prison. (S'il y a délit ou crime, poursuite par voie de police correctionnelle ou au criminel); peines appliquées par le Code pénal.

§ III.

Contraventions.	*Amendes, etc.*

§ III.

Contraventions par les Afficheurs.

Affiches, non permises ou sans nom d'imprimeur, posées par des afficheurs commissionnés.	De six jours à six mois d'emprisonnement. *Récidive :* six mois d'emprisonnement; retrait de la médaille et de la commission. La nature et la gravité des circonstances qui accompagnent la pose d'une affiche, sans permission ou sans nom d'imprimeur, peuvent, seules, faire caractériser l'acte, lui faire appliquer la peine déterminée par la loi, et provoquer l'interdiction définitive de l'imprimeur. (Voyez le Code pénal).
Afficheur commissionné, trouvé sans sa commission ou sa médaille.	Un mois d'emprisonnement; 50 fr. d'amende. *Récidive :* deux mois d'emprisonnement; double amende et suppression de la commission.
Pose d'affiches permises, mais non timbrées.	Les peines portées par la loi.
Affiches, même permises, posées par des afficheurs non commissionnés.	Un mois d'emprisonnement. *Récidive :* deux mois d'emprisonnement. *

* Si l'affiche étoit séditieuse ou injurieuse à quelqu'individu; pour la première circonstance la poursuite criminelle avec l'application, s'il y avoit lieu, des peines portées au Code penal; à moins que le délinquant ne déclarât, avant la prononciation du jugement, l'auteur et l'imprimeur de l'affiche objet de la poursuite.

Pour la seconde circonstance, poursuite correctionnelle; deux mois d'emprisonnement, sans préjudice des dommages-intérêts de la partie plaignante, pour lesquels le délinquant seroit condamné à la détention jusqu'à ce qu'il eût déclaré l'auteur et l'imprimeur de l'affiche, responsables de ces dommages et intérêts, et passibles, chacun, en outre, d'une amende de 1000 fr., et d'une détention de six mois. Interdiction définitive de l'imprimeur.

Contraventions.	*Amendes, etc.*
Individu arrêté porteur d'une médaille fausse.	Poursuivi criminellement comme faussaire. Application de la peine prononcée par le Code pénal contre ceux qui se servent de pièces fausses, les sachant fausses.
Individu arrêté porteur d'une médaille volée ou trouvée.	Saisie et confiscation de la médaille. 25 f. d'amende : s'il y a vol, poursuite correctionnelle et application de la peine prononcée contre le vol simple.

§ IV.

Contraventions par les Imprimeurs en taille douce.

Les imprimeurs en taille douce se rendent coupables de contraventions : 1°. Par l'établissement de leur domicile ailleurs que dans la maison où leur atelier est situé. 2°. Par le défaut de marque ou chiffres sur leurs presses et ustensiles. 3°. Par leur négligence à mettre leur établissement au complet et dans l'état de perfection voulu par le réglement. 4°. Par le prêt de leur nom à tout individu non breveté. 5°. Par l'impression d'ouvrages repréhensibles et prohibés comme tels.	Les amendes et punitions appliquées à ces sortes de contraventions sont celles indiquées au §. 2.

Contraventions.	*Amendes, etc.*

§ V.

Contraventions par les Graveurs-fondeurs.

Caractères de mauvaise matière.	1000 fr. d'amende ; dommages-intérêts envers la partie lésée, à donner par déclaration.
— Défectueux.	1000 fr. d'amende ; dommages-intérêts. Idem. *Récidive :* double amende et interdiction définitive, comme abusant de la confiance ou comme incapable.
Expédition de caractères sans lettres de voiture etc., dans un autre département que celui de la résidence.	1000 fr. d'amende. *Récidive :* double amende ; interdiction définitive.
Vente et livraison de caractères et d'ustensiles d'imprimerie à d'autres qu'à des imprimeurs brevetés et en exercice.	1000 fr. d'amende : saisie et confiscation des marchandises sur le détempteur sans aucun recours de la part du vendeur. *Récidive :* double amende et interdiction définitive du graveur-fondeur.

N. B. (Cet article doit être la matière d'une ordonnance de police pour faire connoître aux menuisiers, aux serruriers et à tous ceux qui travaillent pour l'imprimerie, qu'ils ne doivent fournir aucun objet d'imprimerie qu'à des Imprimeurs brevetés et en exercice.

§ VI.

Contraventions par les Libraires.

Contraventions.	*Amendes, etc.*
Vente et publication d'ouvrages pour lesquels les formalités prescrites par le réglement n'ont pas été observées, contrefaits, contraires aux bonnes mœurs, ou aux devoirs envers le Souverain ou à l'intérêt de l'Etat.	Saisie et confiscation, de 1000 à 3000 fr. d'amende ; poursuite correctionnelle ou criminelle, s'il y a lieu, avec l'application des peines portées par le Code pénal. *Récidive :* saisie, confiscation ; double amende, interdiction de six mois Une troisième contravention entraîne, outre la saisie, la confiscation et la double amende, l'interdiction définitive. (Il ne peut exister de punition en *récidive* au crime de vendre des livres contraires aux devoirs envers le Souverain et à l'intérêt de l'Etat, etc. ; en effet celui qui est poursuivi et condamné, pour ce fait, aux peines prononcées par le Code pénal, est interdit définitivement par sa seule condamnation. S'il étoit *repris* ensuite vendant de semblables ouvrages, il devroit être poursuivi et pour ce crime et en même temps comme faisant la librairie sans qualité.
Vente d'ouvrages français imprimés hors de l'Empire.	Saisie et confiscation, 1000 fr. d'amende. *Récidive :* Idem. Double amende; Interdiction définitive.

Contraventions.	*Amendes , etc.*
Omission du nom du libraire sur un ouvrage imprimé.	(Si l'ouvrage , sur lequel le nom est omis , est un ouvrage susceptible de saisie et de confiscation , de 1000 à 3000 fr. d'amende. Interdiction de six mois , et même définitive selon la nature et la gravité des circonstances ; cette contravention , ainsi caractérisée , rentre alors dans la série des délits ou crimes). *Récidive :* double amende. (S'il n'y a lieu , la première fois , qu'à une interdiction temporaire , parce que l'ouvrage quoique susceptible de saisie et de confiscation , ne méritoit pas une peine plus grave ; interdiction définitive , et trois mois d'emprisonnement.
Circulation en fraude des balles , ballots , caisses , malles et paquets contenant des livres dont la vente est prohibée.	Saisie et confiscation , 3000 fr. d'amende ; interdiction définitive.
Ouvrage annoncé de manière à à induire le public en erreur sur son contenu. Annonce d'un ancien ouvrage comme nouveau , ou d'une édition ancienne comme nouvelle , par la substitution d'un autre titre.	Saisie et confiscation ; 1000 fr. d'amende. Emprisonnement de six mois ; 500 fr. d'amende. *Récidive :* Emprisonnement d'un an ; 1000 fr. d'amende ; interdiction définitive. Indépendamment , relativement aux livres séditieux , des poursuites au criminel et de l'application des peines portées au code pénal.

Contraventions.	*Amendes, etc.*
Annonce d'un ouvrage comme imprimé avec un procédé particulier, sans pouvoir en justifier.	Confiscation de l'ouvrage imprimé autrement que par le procédé annoncé ; 500 fr. d'amende. Si le confectionnaire est breveté, retrait du brevet.
Substitution, par un nouveau titre, d'un ouvrage de son nom seul, à celui du libraire propriétaire ou principal débitant chargé par le propriétaire.	Confiscation des exemplaires dénaturés et trouvés en circulation ; dommages-intérêts envers la partie, si elle est plaignante, à donner par déclaration, 300 fr. d'amende. *Récidive :* mêmes dispositions ; double amende ; interdiction de six mois.
Indication de la vente d'un ouvrage chez un libraire, réclamant contre cette indication faite à son insu et sans sa participation.	Confiscation des exemplaires trouvés en circulation ; 300 fr. d'amende. Si l'ouvrage étoit répréhensible, il y a lieu à l'application au contrevenant des peines que le libraire indiqué auroit pu encourir ; dommages intérêts à la partie lésée, si elle est plaignante.
Publication et annonces d'un rabais de livres provenant du fonds d'un autre, ou de plusieurs autres libraires.	1000 fr. d'amende, dommages-intérêts à donner par déclaration envers la partie plaignante ; et en outre si les livres annoncés ont été livrés à crédit et de confiance, poursuite par voie de police correctionnelle, et peines appliquées par le code pénal. *Récidive :* double amende ; interdiction définitive, sans préjudice des autres dispositions ci-dessus énoncées.

Contraventions.	*Amendes, etc.*
Achat de livres à des personnes inconnues, à des mineurs, à des étudians, apprentis ou domestiques, sans avoir observé les précautions prescrites par le réglement.	300 fr. d'amende. *Récidive* : double amende; 15 jours de détention; interdiction définitive.
Annonce d'une souscription sans en avoir obtenu la permission de l'ouvrir.	1000 fr. d'amende. Obligation de la part de celui qui a annoncé la souscription, de déclarer, à ses frais, par la voie des journaux, et par affiches, que la souscription ne peut avoir lieu. *Récidive* : interdiction définitive, double amende. — Obligation du désaveu.
Défaut de dépôt chez un notaire, de l'argent reçu d'avance pour une souscription permise et annoncée.	Poursuite par une ou plusieurs parties intéressées devant le tribunal civil de l'arrondissement, jugeant en police correctionnelle. Contrainte par corps à la restitution des deniers reçus; 500 fr. d'amende.
Remise par le notaire de la totalité des fonds, quoique l'ouvrage proposé par souscription ne soit pas entièrement livré.	Action récursoire contre le notaire responsable des deniers, par une ou plusieurs des parties intéressées, devant le Tribunal civil. Garantie et indemnité prononcées contre lui.

Contraventions.	*Amendes, etc.*
Engagemens relatifs à un ouvrage proposé par souscription, non remplis; Par l'effet d'une force majeure, ou par le fait de l'autorité publique; Par la faute ou la volonté de ce libraire.	Restitution des sommes reçues; dommages et intérêts envers les parties arbitrées par le Tribunal, suivant l'importance des sommes reçues. Lorsque les engagemens de la souscription ne sont pas remplis par l'effet d'une force majeure, il n'y a lieu envers les parties qu'à la simple restitution. Le libraire a, en outre, une action récursoire, même contre le Gouvernement, pour les obstacles ou empêchemens apportés à son entreprise, lorsqu'elle a été autorisée et garantie.
Libraires-forains saisis vendant des livres répréhensibles, et comme tels prohibés.	1000 fr. d'amende. Saisie et confiscation; interdiction définitive; sans préjudice des poursuites correctionnelles ou criminelles.
Balles et ballots ouverts ou fermés dans les foires ou marchés, avant ou après les délais fixés par le réglement.	150 fr. d'amende. *Récidive :* saisie et confiscation des marchandises, double amende
Passeport de libraires-forains sans mention de cette dernière qualité.	Saisie et confiscation des marchandises, comme vendant sans qualité; 1000 fr. d'amende. *Récidive :* saisie, confiscation, double amende; interdiction définitive.

Commis

Contraventions.	*Amendes, etc.*
Commis ou commissionnaire vendant à la place et pour le compte d'un libraire-forain.	100 fr. d'amende à payer par le libraire forain. *Récidive* : double amende, et autant de 100 fr. de plus par nouvelle contravention ; emprisonnement pendant 3 jours du libraire et du commis.
Libraires étrangers vendant des livres français.	Saisie et confiscation ; 1000 fr. d'amende. *Récidive* : saisie, confiscation ; 3000 fr. d'amende. Expulsion du territoire français sans pouvoir y rentrer. Si les livres étoient répréhensibles, et comme tels prohibés, lors même qu'ils seroient écrits en langues étrangères ; saisie, confiscation, 3000 francs d'amende ; poursuite correctionnelle ou criminelle suivant la nature du délit ou la gravité des circonstances.

N. B. Les marchands d'estampes et de musique sont passibles de toutes les peines portées au présent paragraphe, pour toutes les contraventions qu'ils peuvent commettre dans l'exercice de leurs professions.

Contraventions	*Amendes, etc.*

§ VII.

Contraventions par l'introduction en fraude sur le territoire de l'Empire, des marchandises prohibées ou sujettes à visite, venant de l'Etranger; fausses déclarations.

Contraventions	Amendes, etc.
Tentative d'introduction, ou introduction en fraude, de caractères d'imprimerie prohibés, leurs poinçons et frappes, timbres, sceaux, griffes, gravés sur métaux et sur bois. Tentative d'introduction, ou introduction en fraude, de livres en langues française ou latine, en feuilles, brochés ou reliés venant de l'Etranger.	Saisie et confiscation des marchandises et des moyens de transport; amende de 1000 fr. (S'il y avait prévention de complicité de faux par l'introduction d'objets qui pourraient servir à l'effectuer; poursuite correctionnelle ou criminelle, avec application des peines portées au Code pénal, suivant la gravité du délit ou du crime). *Récidive* : Saisie et confiscation des marchandises et moyens de transport; double amende; interdiction définitive de l'imprimeur ou du libraire contrevenant.
Non repréhensibles.	Saisie et confiscation des marchandises et des moyens de transport; 500 fr. d'amende. *Récidive*. Idem avec la double amende.
Repréhensibles, lors même qu'ils seroient en langue étrangère.	Saisie et confiscation des marchandises et des moyens de transport; 1500 f. d'amende; interdiction définitive de l'imprimeur et du libraire, sans préjudice de la poursuite correctionnelle quand les livres sont immoraux ou contrefaits, et de la poursuite criminelle quand ils sont contraires aux devoirs envers le Souverain et l'intérêt de l'Etat, avec application des peines prononcées par le Code pénal.

Contraventions.	*Amendes, etc.*
Complicité d'introductions, en fraude, de marchandises de librairie ou d'imprimerie.	La complicité est poursuivie et punie comme la contravention. (Voyez l'art. ci dessus).
Recélement de ces marchandises.	Saisie et confiscation des marchandises ; 1500 fr. d'amende ; poursuite correctionnelle ou criminelle, si les marchandises sont répréhensibles.
Livres et autres marchandises d'imprimerie qui ne seroient pas conduits au bureau de la frontière, ou qui auroient dépassé ce bureau ; ou, enfin, qui auroient été trouvés prenant une route déournée, ou étant dans cette route.	Saisie et confiscation des marchandises et des moyens de transport ; amende de 200 fr. dont sont passibles le commissionnaire et le libraire expéditeurs, ainsi que la partie saisie, si elle ne prouve que les marchandises ne lui ont pas été expédiées de son aveu. Le voiturier est également passible d'une amende de 100 fr. et de trois jours d'emprisonnement. La *Récidive*, indépendamment des saisies et confiscations des marchandises et des moyens de transport, est punie par la double amende envers tous les contrevenans ; l'interdiction définitive des libraires expéditeur et receveur desd. marchandises, et l'emprisonnement du voiturier pendant un mois. (Si les marchandises étoient répréhensibles, il y auroit lieu, outre les peines ci-dessus, à poursuite par voie de police correctionelle ou criminelle, suivant les circonstances, et à l'interdiction définitive des libraires dès la première contravention ou le premier délit).

Contraventions.	*Amendes, etc.*

§ VIII.

Contraventions par l'exportation ou la tentative d'exportation de marchandises prohibées.

Drilles ou chiffons en entrepôt, ou circulant dans les trois lieues frontières soit de terre soit de mer, sans acquit à caution, portant destination pour l'intérieur.	Saisie et confiscation, ainsi que des moyens de transport; amende de 500 fr. (Lois du 3 avril et 15 août 1793).
Tentative d'exportation par terre et par mer des drilles et chiffons et de pâte propre à fabriquer le papier	Saisie et confiscation, celle des bâtimens, voitures et chevaux; amende de 500 fr. (Lois du 15 août 1793 et du 4 germinal an 2).

§. IX.

Contraventions commises relativement à la circulation des marchandises de librairie dans l'intérieur, à leur dépôt, ou a leur remise.

Circulation dans l'intérieur des marchandises d'imprimerie, etc., de librairie, expédiées sans les marques et signes ordonnés par le Réglement et pour lesquelles le voiturier ne peut exhiber ni de lettre de voiture, ni d'acquit à caution, ni commission.	Saisie et confiscation des marchandises; 300 fr. d'amende, dont celui qui les envoie, celui qui les reçoit, et le commissionnaire - expéditeur sont chacun passibles. Le voiturier est aussi passible de 100 fr. d'amende et de trois jours d'emprisonnement. *Récidive* : double amende envers chacun des contrevenans; interdiction définitive de ceux qui ont envoyé ou reçu les marchandises, s'ils sont imprimeurs ou libraires. Le voiturier est passible d'un emprisonnement de quinze jours.

Contraventions.	*Amendes, etc.*
Dépôt des balles, ballots, etc., ailleurs que dans les lieux indiqués par les Préfets des départemens, ou leur remise directe aux parties intéressées sans avoir rempli les formalités prescrites par le Réglement.	Saisie et confiscation quand ils sont découverts et arrêtés ; 500 francs d'amende. *Récidive* : Id. 1000 fr. d'amende. Les voituriers qui n'auroient pas déchargé les marchandises dans les lieux à ce destinés par l'autorité compétente, sont passibles, la première fois, de 100 fr. d'amende et de trois jours d'emprisonnement ; la deuxième fois, de 200 fr. d'amende et de 15 jours d'emprisonnement. (Si les marchandises sont des objets repréhensibles, contrefaits, ou pouvant donner lieu au soupçon à la fabrication de quelque faux ; poursuite correctionnelle ou criminelle, suivant la nature et la gravité du délit ou du crime).
Lettres et journaux du poids d'un kilogramme et au-dessous, transportés par autre voie que celle de la poste.	Amende de 150 à 300 fr. par chaque contravention ; remise des lettres et paquets saisis au bureau de la poste pour être envoyés à destination.

Contraventions.	*Amendes, etc.*

§. X.

Contraventions que les visites peuvent faire découvrir.

Contraventions	Amendes, etc.
Défaut de présentation de déclaration pour retirer les livres ou marchandises, existans dans les dépôts établis par le Réglement.	Les marchandises retenues pendant deux mois, et après ce délai vendues au profit de la direction générale, s'il n'y a pas de réclamation ou de déclaration en détail.
Fausses déclarations; états non conformes ou identiques au contenu des balles, ballots, caisses ou paquets.	Saisie et confiscation des marchandises; 500 fr. d'amende. *Récidive :* double amende. Interdiction définitive du libraire expéditeur et de celui à qui les marchandises sont adressées, s'il ne prouve pas qu'elles lui sont envoyées sans demande et à son insu.
Balles, ballots, etc., contenant plus de marchandises qu'il n'en a été déclaré.	Saisie et confiscation des marchandises non déclarées; 100 f. d'amende, tant envers les libraires qu'envers le commissionnaire-expéditeur. (Si les marchandises sont répréhensibles, saisie et confiscation du tout. Interdiction définitive des libraires contrevenans. Poursuite correctionnelle ou criminelle suivant les circonstances.
Substitution de balles, ballots, etc. à d'autres contenant des marchandises prohibées ou répréhensibles.	Saisie et confiscation; 500 fr. d'amende. *Récidive :* Idem; double amende. Interdiction du libraire qui auroit ordonné ou fait lui-même la substitution. Poursuite correctionnelle ou criminelle s'il y a lieu.

§ XI.

Contraventions par les Colporteurs.

Contraventions.	Amendes, etc.
Colporteur arrêté sans médaille et sans commission.	Un mois d'emprisonnement; 50 f. d'amende. *Récidive* : deux mois d'emprisonnement ; double amende et suppression de la commission.
Individu arrêté porteur d'une médaille fausse.	Poursuivi criminellement comme faussaire ; application de la peine prononcée par le Code pénal contre ceux qui se servent de pièces fausses, les sachant fausses.
Individu arrêté porteur d'une médaille volée ou trouvée.	Saisie et confiscation de la médaille ; 25 fr. d'amende. S'il y a vol, poursuite correctionnelle ; application de la peine prononcée contre le vol simple.
Colporteur faisant le commerce clandestin de livres.	Un mois d'emprisonnement; 100 f. d'amende. Suppression de la Commission. Poursuivi, en outre, par voie de police correctionnelle ou criminelle, si les livres sont contrefaits, immoraux, calomnieux et attentatoires à l'honneur des individus, ou enfin contraires aux devoirs envers le Souverain ou l'intérêt de l'Etat, avec application des peines portées par le Code pénal.

Contraventions.	*Amendes, etc.*
Colporteur faisant le commerce de vieux parchemins et papiers sans registre.	100 fr. d'amende. *Récidive* : 200 fr. d'amende; suppression de la Commission.
Colporteur vendant et criant des objets pour lesquels il n'a pas obtenu de permission.	Trois jours d'emprisonnement; 10 fr. d'amende. *Récidive* : Un mois d'emprisonnement dans une maison de correction; 50 fr. d'amende; suppression de la commission.

§ XII.

Contraventions par les relieurs.

Toutes les *contraventions* comprises au § 1, peuvent être commises par les relieurs.	Application des peines portées en ce paragraphe.
Brochure ou relîûre de livres contrefaits, contre les mœurs, les devoirs envers le Souverain et l'intérêt de l'Etat.	(Voyez l'art. premier du § VI).
Recélement de livres imprimés en contravention au réglement, contrefaits, immoraux ou contraires aux devoirs envers le Souverain.	Les mêmes peines que celles prononcées envers les imprimeurs et les libraires.

Contraventions.	*Amendes, etc.*

§. XIII.

Contraventions par les fabricans de papiers.

Contraventions	Amendes, etc.
Usage de machines tranchantes, employées autrement que pour les objets indiqués par le réglement.	Saisie et confiscation des machines; 200 fr. d'amende. *Récidive* et toutes autres contraventions subséquentes; saisie et confiscation; double amende et 100 f. de plus par chaque autre contravention.
Fabrication de papiers dans des moulins dont les piles et autres machines et les pourrissoirs sont à découvert, et exposés aux injures de l'air et à la poussière.	2000 fr. d'amende contre les propriétaires des moulins qui les auroient donnés à loyer en mauvais état. 1000 f. d'amende contre les fabricans. Réparation, aux frais des propriétaires, ordonnée par un jugement et exécutée sous la surveillance des autorités locales. Les fabricans-propriétaires payeront 3000 fr. d'amende, et seront tenus aux réparations faites, comme ci-dessus, s'ils s'y refusent.
Défaut d'emploi d'eau purifiée pour le lavage de la pâte, et pour détremper la colle.	1000 fr. d'amende envers le fabricant. *Récidive :* double amende.
Mélange de chaux et autres ingrédiens corrosifs dans la pâte destinée à la fabrication du papier.	Saisie et confiscation des matières mélangées, et du papier fabriqué avec ces matières; 300 f. d'amende. *Récidive :* Saisie et confiscation; double amende.
Défaut d'encollage des papiers destinés à l'impression, aux estampes et à l'écriture. Emploi de graisse ou savon pour lisser les papiers.	1000 fr. d'amende. *Recidive :* double amende.

Contraventions.	*Amendes , etc.*
Papiers trouvés sans avoir les dimensions et le poids ordonnés par le réglement. Emploi des formes non marquées conformément à ce que prescrit le réglement.	Saisie et confiscation des papiers ; bris des formes non marquées. 300 fr. d'amende. *Récidive :* Saisie , confiscation ; bris des formes ; 1000 f. d'amende. Obligation au fabricant de vendre ou de louer sa fabrique. (La fausse marque des formes est poursuivie au criminel , et l'application de la peine du *faux* , faite conformément à la nature du crime).
Défaut des marques dans le papier, prescrites par le réglement.	Saisie et confiscation ; 1000 francs d'amende. *Récidive :* saisie et confiscation ; 2000 fr. d'amende ; même peine pour chaque nouvelle contravention.
Emploi d'une marque servant à désigner une qualité supérieure, pour un papier inférieur.	Saisie et confiscation. 2000 fr. d'amende ; un mois d'emprisonnement. *Récidive :* Id. 4000 fr. d'amende. — Six mois de détention ; obligation de céder la fabrique.
Fabrication de papiers ailleurs que dans les moulins à ce destinés, dont les fabricans sont ou propriétaires ou locataires.	Saisie et confiscation des papiers fabriqués ; 2000 fr. d'amende. Si le contrevenant est un fabricant, obligation de céder sa fabrique. Si le contrevenant n'est pas fabricant ; 3000 fr. d'amende ; 6 mois d'emprisonnement. (S'il y avoit présomption de coopération à un *faux* , par cette fabrication, poursuite au criminel , avec application de la peine prononcée par le Code pénal pour cette sorte de *faux* , suivant la nature du délit.

Contraventions.	*Amendes, etc.*
Rognure du papier en hauteur ou largeur.	Saisie et confiscation ; 200 fr. d'amende.
Vente de papiers cassés et de rebut, autrement que ne le prescrit le réglement. Vente ou achat de ces papiers par marchands en gros ou par des détaillans.	Saisie, confiscation. 300 fr. d'amende.
Vente de papiers mélangés ou de rames dont les mains sont défectueuses.	Poursuite par voie de police correctionnelle. Application des peines pour vol simple : 500 fr. d'amende; dommages-intérêts envers la partie plaignante ; et en outre obligation de la part du fabricant de céder sa fabrique; fermeture du magasin du marchand en gros ou du détaillant.

§. XIV.

Contraventions par les ouvriers et les apprentis.

Ouvriers sans registres, ou dont le registre n'est pas en règle.	Pour la première fois, 3 fr. d'amende. *Récidive* : 50 fr. d'amende. 15 jours d'emprisonnement : s'il y a ensuite nouvelle contravention, traduit en police correctionnelle comme voulant se soustraire à la surveillance de l'autorité.
Absence de l'atelier plus de 3 jours, sans avoir repris son registre et déclaré l'intention d'aller travailler ailleurs.	*Idem.*

Contraventions.	*Amendes, etc.*
Tumultes excités dans les ateliers par cabale ou par ivresse.	10 fr. d'amende ; 3 jours d'emprisonnement. Si une partie de l'atelier a participé au tumulte, 20 fr. d'amende ; 8 jours d'emprisonnement. Si l'atelier entier a cessé les travaux, 50 francs d'amende ; un mois d'emprisonnement. Si le tumulte est occasionné par l'ivresse, le contrevenant peut être condamné de 3 fr. à 10 fr. d'amende, et de 24 heures à 3 jours d'emprisonnement suivant la gravité des circonstances. *Récidive* : double amende. Emprisonnement d'une double durée.
Injures et menaces envers les propriétaires et les chefs d'ateliers.	24 heures d'emprisonnement. 3 fr. d'amende. *Récidive* : double amende ; 3 jours d'emprisonnement. Mais comme ces contraventions ont des nuances plus ou moins fortes, des circonstances plus ou moins aggravantes, la juste application des amendes et des peines doit être laissée à la discrétion, à la sagesse des magistrats en fixant le *maximum* et le *minimum* de l'amende, et la plus ou moins longue durée de l'emprisonnement.
Coalition d'ouvriers tendante à l'augmentation de salaire, illégalement et arbitrairement demandée.	10 fr. d'amende pour chaque ouvrier de l'atelier, qui refuse de travailler. 100 fr. d'amende envers les auteurs de la coalition et 15 jours d'emprisonnement. *Récidive* : Poursuite correctionnelle à l'égard de l'auteur de la coalition, pris en *récidive* : double amende ; six mois d'emprisonnement.

SECTION DEUXIÈME.

Délits et Crimes.

1°. Les injures proférées, les menaces, les violences exercées envers les autorités et les agens de la loi en fonction ; la résistance aux mandemens ou à l'exécution de la loi.

2°. Les prévarications des autorités ou de leurs agens, par négligence ou corruption ;

3°. Le faux ;

4°. L'impression d'ouvrages séditieux ; — contraires aux devoirs envers le Souverain et l'intérêt de l'Etat ;

De libelles diffamatoires ;

De pamphlets calomnieux, capables de troubler l'ordre et la tranquillité publics ;

Des ouvrages contraires aux bonnes mœurs ;

D'ouvrages contrefaits, portant atteinte à la propriété d'autrui.

5°. L'abus de confiance et le vol envers les propriétaires d'un ouvrage quelconque, soit de la part des imprimeurs chargés de son impression, soit de la part des ouvriers, apprentis et employés envers l'imprimeur, le libraire, ou tel autre qui les emploie, constituent les délits et les crimes.

Tous ces délits, tous ces crimes sont prévus par le Code pénal et punis par les peines qu'il y applique.

Les nuances de ces délits et de ces crimes sont variables à l'infini, et ne peuvent permettre à un simple citoyen d'en présenter l'affligeante nomenclature, et de faire l'application des peines qu'ils méritent.

C'est au savoir, c'est à la sagesse des magistrats à développer la pensée du Législateur en faisant, pour chaque délit et pour chaque crime qui pourra se présenter, la juste application de la loi.

Tout jugement qui contient une condamnation d'amende pour contravention ou délit est imprimé et affiché aux frais du condamné.

La preuve de la *récidive* s'acquiert par l'exhibition d'un jugement antérieur qui a prononcé sur le même fait.

Tout individu qui a subi quelque condamnation pour délit ou crime, est définitivement interdit de l'exercice de sa profession, et l'hypothèse de la *récidive* ne peut, dans cette circonstance, être jamais admise. (Art. 9. Lettres-patentes, 1er août 1782.

TITRE DOUZIÈME.

Du mode de procéder et de poursuivre en matières civile, correctionnelle, criminelle, et sur les demandes en cassation.

SECTION PREMIÈRE.

Du mode de constater les contraventions, délits et crimes ; par qui ils doivent être constatés ; formalités exigées pour la validité des procès-verbaux et des saisies.

§. Ier.

Du mode de constater les contraventions, délits et crimes.

787. Les contraventions aux dispositions du Réglement, les délits et les crimes sont constatés par des procès-verbaux authentiques, affirmés dans les 24 heures devant le juge de paix, lorsqu'ils ne sont pas rédigés par les autorités locales, et par la saisie des objets formant le corps de la contravention, du délit ou du crime.

§. II.

Par qui les contraventions, les délits et les crimes doivent-ils être constatés ?

788. Les visiteurs des départemens, accompagnés de leurs deux assistans, les commissaires de police, les maires, ont concurremment le droit de constater les contraventions, délits et crimes par tous ceux qui sont soumis à l'observation du Réglement.

§. III.

Des formalités exigées pour la validité des procès-verbaux, et des saisies.

789. Pour qu'un procès-verbal soit valide il faut qu'il soit fait par l'autorité locale ou compétente, ou par le visiteur du département, accompagné de ses deux assistans.

790. Il doit énoncer la date, l'objet pour lequel il est rédigé, la cause de la saisie (lorsqu'il y a saisie), la déclaration qui en a été faite au prévenu; les noms, qualités et demeures du saisissant et de ses assistans, comme aussi des noms, qualités et demeures tant du directeur général que de l'inspecteur divisionnaire de l'imprimerie et de la librairie, aux requête et diligence desquels la poursuite doit avoir lieu.

791. Quand il y a lieu à la saisie et au séquestre d'objets formant la matière d'une contravention, ou le corps d'un délit ou d'un crime, les procès-verbaux doivent énoncer la nature de la contravention, du délit ou du crime, l'espèce, le nombre des objets saisis et le poids lorsqu'il s'agit des caractères d'imprimerie); la présence de la partie à leur description ou la sommation qui lui aura été faite de s'y trouver et d'y assister; les noms et qualité du gardien, le lieu où le procès-verbal a été rédigé, ainsi que les heures de son ouverture et de sa clôture.

792. Quand le prévenu est présent, le procès-verbal doit énoncer qu'il lui en a été donné lecture et qu'il a été interpellé de le signer; qu'il en a reçu de suite copie avec citation dans les 24 heures devant le juge de paix ou le tribunal civil de l'arrondissement, suivant la nature de l'affaire: si le prévenu est absent, la copie du procès-verbal est affichée à la porte de la maison commune.

793. Les procès-verbaux, écritures et affiches peuvent être faits tous les jours indistinctement.

794. Les procès-verbaux ne sont dispensés que provisoirement de l'enregistrement; il doit être fait au bureau le plus prochain où chaque procès-verbal a été dressé et rédigé; en attendant il est visé le jour de la clôture ou le lendemain avant midi par le juge de paix du lieu, et à son défaut par l'agent municipal.

795. Lorsqu'il y a lieu à saisie et aux séquestre et dépôt des objets saisis, soit dans un lieu désigné par le maire de la résidence, soit au domicile du prévenu; le scellé est, pour la conservation de qui il appartient, apposé par le saisissant qui le mentionne au procès-verbal et adresse au juge de paix du lieu la réquisition écrite de le croiser, ce que celui-ci ne peut refuser, à peine d'être dénoncé et poursuivi extraordinairement comme prévaricateur dans ses fonctions.

796. Chaque procès-verbal doit être affirmé dans les 24 heures par le saisissant, si c'est le visiteur d'un département, devant le juge de paix du canton; l'affirmation doit énoncer qu'il en a été donné lecture à l'affirmant. Les autorités locales sont dispensées de cette formalité.

797. Les procès-verbaux ainsi rédigés et affirmés doivent être crus jusqu'à inscription de faux. Les tribunaux ne peuvent admettre contre eux d'autres nullités que celles résultant de l'omission des formalités prescrites par les huit articles précédens.

SECTION DEUXIÈME.

A quelles requête et diligence la confiscation des objets saisis doit être poursuivie, et la dénonciation des délits et des crimes commis dans l'exercice de l'imprimerie, la librairie et autres professions assujéties à l'observation du Réglement.

798. La confiscation des objets saisis est poursuivie, à la requête du directeur-général, à la diligence de l'inspecteur divisionnaire du ressort, par un fondé de pouvoir *ad hoc*, près le juge de paix ou les tribunaux civil et correctionnel de l'arrondissement.

799. Les autorités locales et les visiteurs des départemens concurremment, sont obligés de dénoncer au procureur impérial du tribunal civil de l'arrondissement, les délits ou crimes commis dans son ressort par la voie de l'impression ou par la coopération des autres professions assujéties au Réglement, et de lui transmettre leurs procès-verbaux, à l'effet par lui d'en poursuivre le jugement et la condamnation.

800. Lorsqu'il y a lieu à l'arrestation d'un prévenu, l'autorité locale compétente,

compétente, soit en vertu de ses attributions, si elle a connu directement du délit ou du crime, soit en vertu de la réquisition du visiteur du département, décerne le mandat de dépôt du prévenu.

SECTION TROISIEME.

Dispositions particulières relatives aux saisies.

801. Lorsqu'une saisie n'est pas jugée fondée, la partie saisie a droit :

1°. A la restitution de la totalité des objets saisis;

2°. A une indemnité équivalente à la perte qu'elle auroit pu éprouver.

802. Cette indemnité ne peut être fixée à moins d'un pour cent par mois de la valeur des objets saisis, depuis l'époque de leur retenue jusqu'à celle de leur restitution.

803. La nullité des procès-verbaux vicieux ne peut opérer que la remise de l'amende; et jamais la restitution des objets saisis, si la conviction de la contravention est acquise est prononcée.

804. La confiscation d'objets saisis sur des inconnus non réclamans dans le ressort d'un même tribunal, lorsque l'objet n'excède pas 300 fr. pour chaque partie, peut être demandée par une seule et même requête qui contient l'estimation des objets saisis sur chacun des contrevenans.

805. Il est statué sur toutes ces requêtes par un seul et même jugement.

SECTION QUATRIÈME.

De l'instruction des affaires devant les Tribunaux de première Instance et des Cours d'appel.

§. Ier.

Dispositions générales.

806. En première instance et sur l'appel, l'instruction est verbale sur simple mémoire, et sans frais de justice à répéter de part ni d'autre.

807. Dans toute action relative à une saisie, les preuves de non contravention sont à la charge du saisi.

808. Il est expressément défendu aux juges d'excuser le contrevenant ou le délinquant sur l'intention.

§. II.

De l'inscription de faux contre les procès-verbaux.

809. Il ne peut y avoir lieu à inscription de faux que contre les procès-verbaux des visiteurs.

810. Celui qui veut s'inscrire en faux contre un procès-verbal est tenu d'en faire la déclaration par écrit, en personne ou par un fondé de pouvoir spécial, passé devant notaire, et au plus tard à l'audience indiquée par la sommation de comparoître devant le tribunal qui doit connoître de la contravention. Il doit, dans les trois jours suivans, faire au greffe dudit tribunal le dépôt des moyens de faux, et des noms et qualités des témoins qu'il veut faire entendre; le tout à peine de déchéance de l'inscription de faux.

Cette déclaration est reçue et signée par le greffier si le déclarant ne sait ni écrire ni signer.

811. Lorsqu'une inscription de faux a été faite suivant les formes ci-dessus déterminées, en supposant que les moyens de faux fussent prouvés et capables de détruire l'effet du procès-verbal à l'égard de l'inscrivant en faux, le procureur impérial, près le tribunal saisi de l'affaire, fait les diligences convenables pour y faire statuer sans délai.

812. Il est sursis au jugement de la contravention, jusqu'après le jugement de l'inscription de faux, conformément à l'article 460 du Code d'instruction criminelle.

813. Lorsque l'inscription de faux n'est pas faite dans le délai et suivant les formes déterminées par l'article 810, il est, sans y avoir aucun égard, passé outre à l'instruction et au jugement de l'affaire.

SECTION CINQUIÈME.

De l'instruction des affaires, en matière civile, ou première Instance et sur l'appel.

814. Lorsqu'une contravention est constatée, copie du procès verbal est laissée non-seulement au contrevenant, mais encore envoyée à l'inspecteur divisionnaire du ressort, à l'effet de constituer un fondé de pouvoir pour suivre la confiscation des objets saisis, quand il y a lieu, ou la condamnation de l'amende résultant de la contravention.

815. Le fondé de pouvoir de l'inspecteur divisionnaire, lorsque le procès-verbal et la procuration lui sont parvenus, fait citer le contrevenant devant le juge de paix ou le tribunal civil de l'arrondissement.

816. Les juges de paix connoissent en première instance de la validité des saisies, quand la valeur des objets saisis n'excède pas 1,00 francs, et prononcent la confiscation quand il y a lieu.

817. Au jour indiqué le juge entend la partie, quand elle est présente, et est tenu de rendre de suite son jugement, à moins que les circonstances de la saisie ne nécessitent un délai; mais ce délai ne peut être de plus de huit jours, y compris le jour où le contrevenant a été entendu.

818. Lorsque la saisie est jugée bonne et valable et qu'il n'y a pas d'appel dans la huitaine de la signification, le neuvième jour le visiteur du département indique la vente des objets confisqués par une affiche signée de lui, apposée tant à la porte du domicile dont il aura fait élection, qu'à celle de l'auditoire du juge de paix; et procède à la vente cinq jours après, à moins qu'il n'en ait été autrement ordonné par l'inspecteur divisionnaire.

819. Les appels ne peuvent être interjetés que par ceux qui ont figuré au procès de première instance.

820. L'appel doit être notifié dans la huitaine de la signification du jugement, sans citation préalable au bureau de paix et de conciliation. Après ce délai, il n'est plus recevable et le jugement est exécuté purement et simplement suivant sa forme et teneur.

821. La déclaration d'appel doit contenir assignation à trois jours

devant le tribunal civil dans le ressort duquel se trouve le juge de paix qui a rendu le jugement, et le tribunal est tenu de prononcer dans les délais fixés par la loi pour les appels des jugemens du juge de paix.

822. Le délai de l'assignation sur appel, fixé à trois jours par l'art. 6 de la loi du 14 fructidor an 3, est augmenté d'un jour par chaque deux myriamètres de distance entre la commune où est établi le tribunal de paix et celle où siége le tribunal civil.

823. La confiscation des objets saisis, lorsque leur valeur excède 100 fr., qu'elle ne s'élève pas au-delà de 1,000 francs, et lorsqu'il n'y a pas ouverture à la condamnation à une amende, est poursuivie aux requête et diligence ci-dessus exprimées, devant le tribunal civil de l'arrondissement où la contravention aura été commise; et doit être jugée sommairement, conformément au titre 24 du Code de la procédure civile.

824. Les appels de ces jugemens sont portés à l'audience de la manière prescrite par l'article 463 du même Code.

825. L'appelant qui succombe est condamné à l'amende consignée d'avance, sauf la restitution quand l'appel a été jugé bien fondé. La direction générale est dispensée de la consignation d'avance; mais quand elle succombe, elle doit l'amende dont le recouvrement est fait par les employés de la régie de l'enregistrement.

SECTION SIXIÈME.

De la poursuite devant les Tribunaux de police correctionnelle, et par appel devant les Cours de justice criminelle, de la confiscation des objets saisis, dont la valeur excède 1000 *fr., lorsqu'il y a lieu à ouverture à la condamnation à une amende quelconque.*

§. Ier.

De la poursuite en première Instance.

826. Les procès-verbaux (pour les contraventions qui, à l'introduction, ne sont pas de la compétence des juges de paix ou des tribunaux civils ordinaires) sont, après avoir été affirmés dans les délais prescrits

et quand il y lieu, remis au procureur impérial pour y être donné suite concurremment avec l'inspecteur divisionnaire, devant le tribunal de police correctionnelle.

827. Le procureur impérial est tenu de décerner, s'il y a lieu, le mandat de dépôt contre les prévenus, s'ils ne sont pas déjà en arrestation, et de suivre sans délai leur mise en jugement et leur condamnation.

828. Le prévenu de contravention qui n'a pas été mis en arrestation, est cité à comparoître en personne devant le tribunal de police correctionnelle le troisième jour qui suivra le dépôt au greffe du procès-verbal de la contravention.

829. Si, au jour fixé, le prévenu ne comparoît pas en personne, le tribunal est tenu de rendre le jugement dans la huitaine.

830. Lorsque le prévenu comparoît et qu'il y a lieu à prononcer une remise, cette remise ne peut excéder trois jours : le troisième jour le tribunal prononce partie présente ou absente.

831. Dans toutes les circonstances, le jugement du tribunal de police correctionnelle ne peut être attaqué que par la voie de l'appel, et dans le délai prescrit par les articles 203, 204 et 205 du Code d'instruction criminelle.

832. Passé ce délai sans appel, il est procédé à la requête du directeur général à l'estimation des objets saisis, partie présente ou duement appelée, et il en est disposé comme d'objets définitivement confisqués.

§. II.

De la poursuite sur l'appel en matière correctionnelle.

833. Sur l'appel, la Cour de justice criminelle est tenue de prononcer dans les dix jours, à compter de celui ou sera parvenue à son greffe la requête d'appel qui doit lui être envoyée par le procureur impérial, conformément à l'article 207 du Code d'instruction criminelle.

SECTION SEPTIÈME.

De l'instruction criminelle.

834. S'il y a lieu à procédure criminelle, les règles prescrites par le Code pénal et les lois sur la justice criminelle sont suivies.

835. Le directeur général est, de droit, partie civile intervenante pour la poursuite de la confiscation des objets saisis et de la condamnation aux amendes prescrites par le présent Réglement.

836. Ces sortes de poursuites sont, comme en matière civile, faites à sa requête à la diligence de l'inspecteur divisionnaire du ressort.

SECTION HUITIÈME.

Des demandes en cassation.

837. Lorsque la main-levée des objets saisis, pour contraventions aux lois et aux réglemens dont l'exécution est confiée au directeur général de l'imprimerie et de la librairie, est accordée par jugemens contre lesquels il y auroit pourvoi en cassation, de sa part, la remise n'en peut être faite à ceux au profit desquels lesdits jugemens ont été rendus, qu'au préalable ils n'ayent donné bonne et suffisante caution de leur valeur. La main-levée ne peut être jamais accordée pour les marchandises dont l'entrée est prohibée, ou de leur nature, repréhensibles, lors même que les procès-verbaux de saisie ne seroient pas réguliers.

838. Le pourvoi en cassation ne peut être fait par aucune autorité dépendante du directeur général que de son ordre exprès et écrit, d'après le rapport nécessaire de l'inspecteur divisionnaire du ressort.

839. Pour le surplus, les formes établies par les lois relatives aux demandes en cassation sont suivies par le directeur général.

SECTION NEUVIÈME.

Des jugemens en matière d'Imprimerie et de Librairie et autres professions analogues.—De la signification et de la mise à exécution des jugemens.

§ Ier.

Des jugemens.

840. La confiscation des marchandises saisies peut être poursuivie et prononcée contre les préposés à leur conduite, sans qu'il soit nécessaire, de la part du directeur général, de faire mettre en cause les propriétaires, lors même qu'ils lui seroient indiqués; sauf si lesdits propriétaires intervenoient ou étoient appelés par ceux sur lesquels les saisies auroient été faites, à être statué, ainsi que de droit, sur leurs interventions et réclamations.

841. Il ne peut être donné main-levée des objets saisis qu'en jugeant définitivement, à moins d'une caution solvable ou en consignant la valeur des objets saisis, si cependant ils ne portent pas avec eux un caractère particulier de réprobation, tels que la violation des devoirs envers le Souverain et l'État; l'immoralité ou l'attentat aux propriétés particulières; ce qui empêche, de droit, aucune espèce de restitution.

842. La condamnation contre plusieurs personnes, pour les mêmes contraventions, délits ou crimes, est solidaire tant pour la restitution des marchandises dont la délivrance provisoire auroit été faite, que pour l'amende et les dépens.

843. Les confiscations, les amendes ne peuvent être modérées par aucun juge, à peine par lui d'en répondre personnellement.

844. Les procureurs impériaux rendront compte au procureur général impérial de la Cour impériale du ressort, des poursuites faites pour délits relatifs à l'imprimerie et la librairie et autres professions analogues : ils lui adresseront une expédition de tous les jugemens qui seront rendus dans les trois jours de leur prononciation.

845. Les procureurs généraux sont spécialement chargés de veiller la poursuite, l'instruction et le jugement de toutes les affaires relatives à l'imprimerie ou à la librairie, et d'adresser au ministre de l'intérieur une expédition de tous les jugemens rendus en cette matière.

§. II.

De la signification et de l'exécution des jugemens.

846. Tous les jugemens rendus sur une saisie sont signifiés soit à la partie saisie, soit au fondé de pouvoir de l'inspecteur du ressort. Les significations à la partie sont faites à son domicile, si elle en a un réel ou élu dans le lieu où le jugement a été rendu ; sinon à celui du maire de la commune. Les significations au directeur général seront faites au fondé de pouvoir de l'inspecteur divisionnaire du ressort.

847. Les objets saisis qui sont confisqués sont vendus publiquement, s'ils en sont susceptibles, et après l'apposition de l'affiche dans la forme prescrite par la loi ; sinon ils seront transportés dans une manufacture de papier pour y être lacérés et mis au pilon en présence du délégué spécial de l'inspecteur divisionnaire qui en dressera procès-verbal, en relatant exactement le nombre d'exemplaires qui auront été ainsi anéantis.

847. Sont exécutables par corps les jugemeus portant condamnation au paiement de la valeur des objets remis provisoirement et depuis confisqués, ou de l'amende, soit que la confiscation ait été, ou non, prononcée ; soit enfin à la restitution des sommes que le directeur général auroit été forcé de payer; ce qui a pareillement lieu contre les cautions, seulement pour le prix des choses confisquées, restituées ou soustraites..

TITRE TREIZIÈME.

Des Encouragemens.

849. Les imprimeurs et les libraires, et tous autres qui sont assujétis à l'observation du Réglement, sont susceptibles des grâces du Souverain, lorsqu'ils se sont acquittés avec zèle, intelligence et probité, des missions qui leur ont été confiées, surtout si, de leur part, elles sont gratuites.

850. Le talent, la probité, la stricte observation du Réglement sont des titres aux mêmes grâces.

851. Ces grâces sont le brevet d'imprimeur, libraire, graveur ou relieur de l'Empereur et telles autres émanées de cette munificence et de cette protection signalée de Sa Majesté, dont les sciences, les arts et tous les genres d'industrie sont l'objet continuel.

TITRE QUATORZIÈME ET DERNIER.

Des droits et amendes à percevoir par la Direction générale de l'Imprimerie et de la Librairie.—De leurs fixation et application.

SECTION PREMIÈRE.

Droits et amendes à percevoir par la Direction générale.

§ I.er

Nature de ces droits.

852. La Direction générale de l'Imprimerie et de la Librairie est autorisée à percevoir :

1°. Un droit sur le brevet de confirmation accordé à ceux maintenus dans l'exercice de leurs professions;

2°. Un droit sur le brevet d'admission de chacun de ceux reçus à l'avenir à l'exercice d'une des professions soumises au présent réglement;

3°. Un droit sur les brevets de garantie sur les licences et l'acte de simple garantie;

4°. Un droit de visite sur tous les imprimeurs, les libraires et tous autres exerçant les professions comprises au Réglement ;

5°. Toutes les amendes encourues pour contraventions et délits, et dues en vertu des jugemens qui les ont prononcées.

§ I.er

Disposition générale sur la perception.

853. Les droits de confirmation ou d'admission sont dus pour l'exercice de chacune des professions assujéties à l'observation du Réglement, soit que cet exercice se borne à une seule profession, soit que le même individu en cumule plusieurs. Ainsi celui qui réunit l'exercice de plusieurs professions compatibles, doit le droit de confirmation ou d'admission de chacune d'elles.

SECTION SECONDE.

Fixation des droits.

§. Ier.

Droit de confirmation dans l'exercice de chacune des professions comprises au Réglement.

N°. 1. *Imprimeurs.*

854. Le *maximum* du droit sur le brevet de confirmation dans l'exercice de l'imprimerie est de 500 fr., et le *minimum* de 100 fr.

855. Ces droits sont répartis ainsi qu'il suit :

Paris	500 fr.
Villes qui réunissent toutes les autorités civiles et militaires, supérieures et inférieures et les établissemens publics	300
Villes qui ne réunissent qu'une partie de ces autorités.	200
Villes qui ne réunissent que des autorités inférieures,	100

Les imprimeurs des Archevêques et Evêques doivent le droit de 200 fr.

N°. 2. *Libraires.*

856. Le *maximum* du droit est de 400 fr., et le *minimum* de 100 fr.

A Paris, le droit pour les libraires de première classe est fixé à.	400
Pour ceux de la deuxième.	300
Pour ceux de la troisième.	200

857. Dans les villes, d'une population de 50,000 habitans et au-dessus, et qui réunissent toutes les autorités civiles et militaires avec un Archevêché ou un Evêché, les libraires de première classe doivent le droit de

droit de	300
de deuxième classe.	200
de troisième classe.	100

858. Dans les villes qui ne réunissent qu'une partie des autorités supérieures, le droit est :

Pour la première classe.	200 fr.
Pour la deuxième.	150
Pour la troisième	80

859. Dans toutes les autres villes, le droit est de. 75

860 Ceux qui sont autorisés de tenir cabinet de lecture, doivent un droit égal à celui qu'ils paient comme libraires.

N°. 3. *Graveurs-fondeurs en caractères.*

861. Le droit à payer par les graveurs-fondeurs établis à Paris, est de	300
Partout ailleurs	200

N°. 4. *Imprimeurs en taille douce.*

862. Le droit à payer par les imprimeurs en taille douce est, à Paris, de	200
Dans les villes réunissant toutes les autorités.	150
Partout ailleurs	75

N°. 5. *Relieurs.*

863. Le droit à payer par les relieurs est, à Paris, de	200 fr.
Dans les villes réunissant toutes les autorités,	150
Partout ailleurs, ...	75

N°. 6. *Fabricans de papiers.*

864 Le *maximum* du droit est de 1000 fr., et le *minimum* de	500
Les fabriques d'Angoulême et d'Annonay, et des départemens environnans doivent	1000
Celles de Bruges et de Courtalin, ...	1000
Les fabriques de Clermont et départemens environnans, Les fabriques de Limoges et départemens environnans,	800
Les fabriques de Vire et départemens environnans, Les fabriques des Vosges et départemens environnans,	600
Les fabriques inférieures.	500

§. II.

Du droit d'admission.

865. Tous ceux admis à l'avenir doivent payer, en recevant leur brevet, un droit excédant de moitié de celui ci-dessus établi pour le droit de confirmation.

§. III.

Droits à percevoir sur les brevets de garantie des ouvrages imprimés et destinés à être publiés et vendus ; sur les licences des ouvrages à réimprimer ; dont la propriété n'appartient à personne, et sur les autorisations simples servant à faire reconnoître l'auteur et à empêcher le plagiat ou la contrefaçon.

866. Les droits à percevoir sur les brevets de garantie sont fixés ainsi qu'il suit :

Par volume in-12 à	1000 Ex.	12 fr.
	2000 —	24
	3000 —	36

Et 18 fr. par chaque mille au-dessus de trois mille.

Par volume in-8°. à	1000 —	24
	2000 —	36
	3000 —	54

Et 27 fr. par chaque mille au-dessus de trois mille.

Par volume in-4.° à	1000 —	36 fr.
	2000 —	54
	3000 —	81

Et 40 fr. 50 c. par chaque mille au-dessus de trois mille.

Par volume in-f°. à	1000 —	48
	2000 —	96
	3000 —	192

96 fr. par chaque mille au-dessus de trois mille.

Les in-18 et les in-24 paient comme l'in-12.

867. Les droits de licence sont du double de ceux fixés dans l'article précédent.

868. La simple autorisation, quand l'ouvrage est de circonstance et de peu de conséquence, n'est sujet qu'à un droit fixe de 12 fr., sans égard au nombre d'exemplaires, lorsque l'ouvrage n'excède pas dix feuilles.

869. Le droit de transcription du brevet de cessions et transmission est fixé à moitié de celui porté aux articles 866, 867 et 868.

870. Tout ouvrage excédant dix feuilles rentre dans la classe des ouvrages ordinaires, sauf la distinction d'ouvrages nouveaux ou anciens.

§. IV.

Droits de visite.

871. Il sera perçu, tous les trois mois et lors des visites ordonnées par le Réglement, un droit de visite sur chacun de ceux qui exerceront une des professions comprises au Réglement. Ce droit de visite est fixé à 3 fr. par visite. Ceux qui cumulent plusieurs professions doivent le droit pour chacune d'elles. Il en sera donné reçu par le visiteur.

SECTION TROISIÈME.

Application des droits.

872. Tous les droits et toutes les amendes à percevoir par la direction générale sont destinés : — 1°. à subvenir aux frais de son administration et au paiement de ses employés ; — 2°. à payer les indemnités auxquelles elle peut être condamnée en vertu de jugemens ; — 3°. à poursuivre les contrefacteurs et tous les contrevenans et délinquans au Réglement ; — 4°. à assurer aux employés des pensions de retraite proportionnées à leurs services ; — 5°. à donner des secours à ceux exerçant quelqu'une des professions assujéties à l'observation du Réglement que des malheurs imprévus et immérités pourroient mettre dans la nécessité d'y recourir ; — 6°. à accorder des retraites aux ouvriers des différentes professions soumises au Réglement, lorsqu'ils s'en sont rendus dignes par une bonne conduite, leur probité, et leurs travaux, et lorsque leur situation rend ces secours indispensables.

IMPRIMERIES EXISTANTES

En vertu du Réglement du 28 Février 1723, et restées en activité jusqu'en 1810 (*).

BALLARD

(Pierre-Robert-Christophe),

Doyen des Imprimeurs; exerce depuis 1779;

Imprimeur de la Prefecture du Département et de la Faculté de Droit;

Étoit en 1792 seul Imprimeur de la Musique et de la Chapelle du Roi; charge existante dans sa famille depuis 1551, et de la Faculté de Droit.

1551.

BALLARD (Robert I), Libraire et Imprimeur du Roi pour la musique.

1606.

BALLARD (Lucrèce *Le Bé*, veuve du précédent.)

1608.

BALLARD (Pierre Ier., fils de Robert I.)

1640.

BALLARD (Robert II.)

1666.

BALLARD (Christophe, premier fils de Robert II.)

* 1694. BALLARD (Pierre II, second fils de Robert II, ne paroît pas avoir eu de successseur, et n'est ici que pour mémoire.)

1694.

BALLARD (Jean-Baptiste-Christophe, premier fils de Christophe.)

1747. Doyen des Imprimeurs.

1750.

BALLARD (veuve du précédent, donne sa démission en 1750.)

1742, 6 Décembre.

BALLARD (Christophe Jean-François, fils de Jean-Baptiste-Christophe);

Successeur, 1°. de J.-H. Muguet, Imprimeur en 1691; 2°. et du titre de son père, par la démission de la veuve sa mère, en 1750.

Il paroît qu'à l'époque du réglement du 28 février 1723, ce dernier Ballard fut conservé; mais son fils Christophe-Jean-François Ballard ayant traité, dès 1742, avec Fran-

---

(*) Tous les Titulaires existant avant 1789, exercent tant en vertu d'un arrêt du Conseil, que d'une lettre particulière de maîtrise, délivrée après la déclaration de capacité constatée par un examen particulier sur le fait de l'Imprimerie. Chacun de ces Titulaires a payé

pour être Libraire,	1000 f.
pour être Imprimeur,	1500
	2500

Il y avoit une réduction pour les fils et gendres des maîtres.

Les Imprimeurs et les Libraires n'ont point reçu le remboursement de leurs Maîtrises, et les fonds existant dans les coffres de la Communauté, en 1790, ont été versés au Trésor public

çois - Hubert Muguet Imprimeur dès le 16 juillet 1691, il aura réuni, avec son titre, celui de ses père et mère. Ce qui confirme cette opinion, c'est qu'il a été aussi, comme les précédens, Imprimeur de la Musique et de la Chapelle du Roi.

1765, 5 Septembre.

BALLARD (Marie Anne-Geneviève *Paulus-du-Mesnil*, veuve du précédent.)

1779, 24 Septembre.

BALLARD (Pierre-Robert-Christophe); a exercé près de dix ans avec la dame sa mère.

1788.

Exerce seul depuis cette époque.

BAUDOUIN (François - Jean).

1782.

Imprimeur de l'Ordre de Citeaux, de l'Archevêché de Tours, et des Évêchés suffragans.

Depuis 1789.

Député-Suppléant, et Imprimeur de l'Assemblée Nationale Constituante, des Assemblées subséquentes et du Corps législatif; depuis l'an V (1797), Imprimeur de l'Institut de France.

1653, 27 Février.

LÉONARD (Frédéric Ier.)

1712, 23 Novembre.

LÉONARD (Frédéric II.)

1714, 28 Août.

GROU (Jacques-François)

1745, 26 Décembre.

GROU (Catherine Cailloux de la Croix, veuve.)

1758, 13 Octobre.

LAMBERT (Michel), mort en 1787.

1782, 4 Février.

BAUDOUIN (François-Jean). Depuis 1782 jusqu'en 1787, conjointement avec Michel Lambert.

Du premier août 1787, seul.

TESTU (   ),

Imprimeur, par son mariage avec demoiselle N. D'Houry, veuve de Fr.-J.-Noël Debure, imprimeur du Roi;

Imprimeur de S. M. l'Empereur et Roi; propriétaire de l'Almanach impérial, dont l'origine remonte à 1684.

Cet Almanach fut imaginé à cette époque par Laurent D'Houry, et est demeuré propriété de sa famille, sans mutation.

1694, 8 Juin.

LEFEVRE (Jacques).

1714.

LEFEBVRE (N. Pepingué, veuve).

1724, 26 Janvier.

MESNIER (Alexis-Xavier-René).

1750, 30 Mai.

D'HOURY (Laurent-Charles).

1786, Octobre.

D'HOURY (demoiselle *Néra*, veuve).

1786, 1er. Décembre.

DEBURE (François-Jean-Noël).

(Demoiselle D'HOURY, veuve DEBURE.)

TESTU (   ).

DELANCE fils (Jean-Marie), et BELIN (Auguste).

1694, 8 Juin.

LANGLOIS (Simon II.)

1742, 24 Décembre.

BOUDET (Antoine).

1779.

DESAINT (Jean-Charles).

1791.

LEVIEIL (   ), gendre de Claude Simon, Imprimeur de l'Archevêché.

1793.

DELANCE père.

1809.

DELANCE fils (J.-Marie) et BELIN (Auguste).

Nota. Le sieur Duminil-Lesueur a été pendant quelques années associé du sieur Delance père. Depuis il a exercé séparément. A son décès (1810), sa veuve lui a succédé.

DUBRAY (L. P.)

1694, 8 Juin.

THIBOUST (Claude-Louis), imprimeur de l'Université de Paris.

1737, 18 Juin.

THIBOUST (Claude-Charles).

1757, 29 Mai.

THIBOUST (demoiselle N. Maison-Rouge).

1787, 27 Juin.

SEGUY-THIBOUST (Antoine).

DUBRAY (L. P.), successeur et acquéreur du fonds de Seguy-Thiboust.

LOTTIN-DE-SAINT-GERMAIN (Jean-Ruel).

1784.

Imprimeur du Roi et de la Ville, actuellement Imprimeur de la Préfecture de police.

1694, 8 Juin.

PRIGNARD (Claude).

1717, 11 Août.

COIGNARD (Jean-Baptiste).

1752, 3 Août.

LOTTIN (Augustin-Martin).

1784, 3 Août.

LOTTIN-DE-SAINT-GERMAIN (Jean-Ruel).

Nota. La famille des Lottin est dans l'Imprimerie depuis 1724. Augustin Martin, prédécesseur de Jean-Roch Lottin-de-Saint-Germain, a laissé un fils, *André Augustin*, reçu Libraire le 15 mai 1787, et qui a exercé quelque tems l'Imprimerie.

CELLOT (Louis-Marie.)

1788.

Imprimeur de la Chambre des Comptes à cette époque.

1694, 8 Juin.

PRIGNARD (Claude).

1717, 11 Août.

PRIGNARD (Marie-Thérèse *Langlois*, veuve).

1727, 11 Juillet.

BULLOT (Joseph), par son mariage avec la veuve Prignard.

1754, 30 Février.

JOMBERT (Charles-Antoine).

1760, 11 Mars.

CELLOT (Louis).

1788.

CELLOT (Louis-Marie).

HACQUART (André-François).	GUEFFIER (Pierre).
1794.	Fils du dernier Titulaire ; exerce l'état d'Imprimeur depuis 1804.
Acquéreur du fonds de P. F. Gueffier en 1799, Imprimeur du Tribunal civil de première instance.	

1695, 2 Janvier.

COLLIN (Louis).

1706, 28 Juillet.

PAULUS DU MESNIL (Pierre-Augustin).

1757, 26 Décembre.

PAULUS DU MESNIL (Geneviève Lebreton, veuve de...)

1758, 11 Août.

CHENAULT (Charles-Étienne).

1773, 18 Mai.

GUEFFIER (Pierre-François).

1794.	1804.
HACQUART (André-François).	GUEFFIER (Pierre).
	Les Gueffier exercent la Librairie depuis 1582. François Gueffier paroît être le premier Libraire de cette famille.

COUTURIER Fils (   ).

1809.

1698, 6 Juin.

MOREAU (Jean III.)

1715.

MOREAU N., (veuve de...)

1732, 30 Décembre.

MOREAU (Jean-François).

1751, 12 Août.

MOREAU (Catherine-Françoise Pepie, veuve).

1751, 10 Novembre.

MOREAU (Nicolas-François).

1773, 3 Juin.

COUTURIER (Denis-Clément).

1782, 15 Juillet.

COUTURIER (Pierre-Denis).

1809.

COUTURIER (   ), fils du précédent.

GUENARD DE MONVILLE (   ).

1704, 8 Octobre.

EMERY (Pierre-François).

1743, 12 Juillet.

SAUGRAIN (Joseph II.)

1749, 10 Janvier.

BRUNET (Bernard).

1760, 30 Septembre.

BRUNET (M. C. A., veuve).

1763, 3 Septembre.

REGNARD (Antoine-Louis).

1767.

REGNARD (M. C. A. Regnard, veuve de A. L.)

1772, 27 Mars.

BRUNET (Jacques-Bernard).

1774, 2 Août.

GUENARD DE MONVILLE (Antoine).

(   )

GUENARD DE MONVILLE (   ), fils du précédent.

DIDOT (   ).

Imprimeur de l'Ecole et de la Faculté de Médecine.

1704, 8 Octobre.

VINCENT (Jacques).

1750, 8 Mai.

VINCENT (Philippe).

1779.

DIDOT (Pierre-François).

DIDOT (   ), successeur de son père.

ÉGRON (   ).

Imprimeur du Tribunal du Commerce, acquéreur du fonds d'imprimerie de la veuve Valade.

1722, 14 Avril.

MARIETTE (Pierre-Jean).

1750, 16 Novembre.

DE LA TO R (Louis-François).

1778, 11 Décembre.

VALADE (Jacques-François).

1784, 24 Juin.

VALADE (demoiselle *N*...., veuve).

ÉGRON (A.)

DIDOT (Pierre).

reçu libraire en 1785.

1790.

Imprimeur du Sénat, célèbre par les éditions du Virgile et du Racine, et d'autres beaux ouvrages;

Breveté en l'an 6 (1797) avec Firmin DIDOT, son frère, et Louis-Etienne HÉRAN, pour l'invention d'un Stéréotypage, dont les moules, d'une matière qui se durcit à l'air, se conservent sans dégradation.

Depuis Louis-Etienne HERAN a obtenu le brevet pour une nouvelle manière de stéréotyper avec des frappes mobiles qui se composent comme les caractères ordinaires. L'invention de ce procédé lui a valu en l'an XI (1803), une médaille d'or. Il exerce l'imprimerie depuis ce temps.

1723, 2 Juillet.

GOSSELIN (Nicolas).

1728, 17 Avril.

SIMON (Claude I.)

1752, 31 Mars.

SIMON (Marie-Anne Caligrand, veuve de Claude).

1754, 30 Janvier.

DIDOT (François).

1757, 1er. Juillet.

DIDOT (François-Ambroise),

Imprimeur du Clergé, célèbre par les éditions des ouvrages à l'usage du Dauphin, et par les petits formats dits *du Comte d'Artois*

1790.

DIDOT (Pierre).

DIDOT (Firmin), reçu Libraire en 1789, frère puîné de Pierre, exerce aussi l'Imprimerie, mais est plus connu comme Graveur de beaux caractères avec lesquels son frère aîné a imprimé le VIRGILE et le RACINE, et decaractères d'écriture qui, seuls, suffiroient pour lui assurer la réputation méritée d'un de nos plus habiles Graveurs-Fondeurs de caractères d'imprimerie.

DELALAIN ( ).

1723, 2 Juillet.

BARBOU (Joseph).

1737.

BARBOU (Anne-Antoinette Beville, veuve).

1750.

BARBOU (Joseph-Gérard).

( )

BARBOU ( ), neveu du précédent.

( )

DELALAIN ( ), fils de l'ancien Libraire de ce nom, acquéreur du fonds de Barbou.

QUILLAU ( ),	QUILLAU
Fils du dernier Titulaire.	(*N.* BOUQUET, seconde femme, et veuve de F. A.)

1724, 12 Janvier.

QUILLAU (Gabriel-François).

1752, 27 Août.

QUILLAU (Agathe Cars, veuve).

1764, 3 Juillet.

QUILLAU (François-Augustin), mort, Doyen des Imprimeurs.

( )

QUILLAU ( ),	QUILLAU
Fils du précédent.	(*N.* BOUQUET, veuve).

AGASSE (HENRI),

Gendre de C. Panckoucke, Libraire.

1724, 19 Juillet.

LOTTIN (Philippe-Nicolas).

1751, 6 Juin.

LOTTIN (Marie-Marguerite *Le Mercier*, veuve).

1758, 28 Août.

BUTTARD (Jacques-Hubert).

1775, 27 Janvier.

MORIN (Benoît).

1783.

LAPORTE (Antoine-Louis-Guillaume-Catherine).

1790.

AGASSE, (Henri) gendre du C. Pankoucke.

DELAGUETTE (demoiselle Marie-Catherine KNAPEN).

1726, 16 Juillet.

LAMESLE (Jean).

1773, 24 Mai.

DELAGUETTE (Pierre-Méry).

1788, 11 Mars.

DELAGUETTE (demoiselle M.-Catherine Knapen, veuve).

VALADE (Jean-Jacques-Denis).

1785, 13 Mai.

Reçu Imprimeur par Arrêt du Conseil, du 5 Avril précédent, pour n'exercer que quand il y aura une Imprimerie vacante :

Exerce depuis 1789.

www.ingramcontent.com/pod-product-compliance
Ingram Content Group UK Ltd.
Pitfield, Milton Keynes, MK11 3LW, UK
UKHW021055230726
13926UKWH00004B/1861

9 782014 069006